# M A R I A
## EVANGELHO VIVIDO

### DEZ ROTEIROS PARA CONHECER MARIA
### PELO TESTEMUNHO DOS EVANGELHOS

# MARIA
## EVANGELHO VIVIDO
### DEZ ROTEIROS PARA CONHECER MARIA PELO TESTEMUNHO DOS EVANGELHOS

Tradução
Alda da Anunciação Machado

*Edições Loyola*

Título original:
*María, Evangelio Vivido — Diez guías para descubrir a María en los evangelios*
© 1999 La Casa de la Biblia, Madrid
© Editorial Verbo Divino
Av. de Pamplona, 41, 31200 — Estella (Navarra)
ISBN: 84-8169-294-8

PREPARAÇÃO: Albertina Pereira Leite Piva
DIAGRAMAÇÃO: Ademir Pereira
REVISÃO: Iranildo B. Lopes

**Edições Loyola**
Rua 1822 n° 347 – Ipiranga
04216-000 São Paulo, SP
Caixa Postal 42.335 – 04218-970 – São Paulo, SP
✆: (0\*\*11) 6914-1922
✉: (0\*\*11) 6163-4275
Home page e vendas: www.loyola.com.br
Editorial: loyola@loyola.com.br
Vendas: vendas@loyola.com.br

*Todos os direitos reservados. Nenhuma parte desta obra pode ser reproduzida ou transmitida por qualquer forma e/ou quaisquer meios (eletrônico ou mecânico, incluindo fotocópia e gravação) ou arquivada em qualquer sistema ou banco de dados sem permissão escrita da Editora.*

ISBN: 85-15-02837-9

© EDIÇÕES LOYOLA, São Paulo, Brasil, 2004

# Sumário

Apresentação ........................................................................... 7

1. Maria de Nazaré, ouvinte ativa da Palavra ........................ 13
2. Maria, bendita e bem-aventurada ....................................... 23
3. Maria louva o Senhor ............................................................ 33
4. Maria, Mãe de Deus ............................................................... 43
5. Maria, entre a Lei e o Espírito .............................................. 53
6. Maria aprende a amadurecer como discípula de seu filho .... 63
7. Maria abre-nos à confiança e à obediência ........................ 71
8. Maria e a família de Jesus .................................................... 81
9. Maria, a mulher forte e acolhedora, em meio à dor .......... 91
10. Maria com os discípulos, à espera do Espírito ............... 101

# APRESENTAÇÃO

O projeto nasce de um trabalho em grupo

Motivado pelo Congresso Mariano Internacional celebrado em 1998 em Saragoça, propôs-se à Casa da Bíblia a possibilidade de oferecer ao público uma série de materiais simples para leitura, reflexão e meditação sobre a figura de Maria na Escritura. A escassez de material existente para grupos de pessoas que crêem, em torno da figura de Maria, estimulou-nos a levar adiante este projeto. Procurávamos, indo além de idéias teóricas e meramente intelectuais, deixar-nos impressionar pelas passagens que falam de Maria no Novo Testamento, conscientes de que o testemunho que se requer de nós, que cremos, hoje, é falar do que vemos, ouvimos e a palpamos (cf. 1Jo 1,1-4).

Para levar a efeito essa incumbência, pedimos a colaboração de um grupo de biblistas e teólogos de Saragoça. Sob a coordenação e em estreita colaboração com a Casa da Bíblia, foram eles dando forma a estes roteiros de leitura.

Uma reflexão comunitária

Selecionamos, em equipe, nove textos bíblicos dos evangelhos e um dos Atos dos Apóstolos. Os dez falam de Maria, de seu caminho de fé, de sua disponibilidade sem limites para colaborar na missão de seu Filho, de sua presença no alvorecer da Igreja.

Esses materiais apóiam-se em três chaves de leitura que é importante manter presentes.

A primeira chave está no fato de que são materiais para trabalhar em *comunidade*. A comunidade enriquece e completa a visão pessoal, revigora o compromisso, mas exige também abertura aos demais e entrega generosa de si mesmo.

A segunda chave consiste em ser uma *leitura crente*, orientada a fortalecer a fé e que nos leve, se necessário, a modificar nossas atitudes, pois a contemplação de Maria a partir da Palavra sempre interpela nossa vida.

A terceira chave é a *abertura à conversão*, a disponibilidade para modificar em nossa vida e ao nosso redor o que for preciso, o que não for adequado às exigências da Palavra.

Maria, a Mãe de Jesus, a mulher aberta ao Espírito, é o melhor modelo, a melhor intercessora nesse caminho que queremos empreender como comunidade de fé, aberta ao Espírito.

## Os materiais

### a) Um plano para cada situação

Conforme já assinalamos, estes materiais foram programados preferencialmente para grupos que queiram aprofundar-se na figura de Maria a partir dos evangelhos, embora sirvam também para leitura, reflexão e meditação pessoal.

Podem ser utilizados de três maneiras diferentes:

— Como catequese eventual, devido a alguma celebração mariana ou como preparação de grupos nos quais exista uma motivação para aprofundar-se no conhecimento da figura de Maria.

— Como dez sessões de reflexão durante um ano, com encontros a cada quinze dias.

— Como dez sessões de reflexão durante um trimestre, marcando os encontros uma vez por semana.

A duração das sessões é de uma hora e meia, porém, de acordo com as necessidades de seu grupo, o animador pode alongar, selecionar ou organizar seu próprio esquema de reunião, respeitando, de qualquer maneira, as linhas básicas e os objetivos assinalados no início de cada encontro.

*b) Esquema de uma sessão*

*Antes da reunião*, cada um dos participantes lerá a passagem indicada no final da sessão anterior, com a ajuda de uma pergunta muito simples. Desse modo, o texto bíblico já terá uma ressonância dentro de cada qual, que poderá compartilhar algo com o restante dos membros, quando se realizar o encontro.

*Durante a reunião*, podemos assinalar dois momentos, sendo um constituído pelo "Roteiro de leitura" e o outro, o momento "Para aprofundar".

O "Roteiro de leitura" que apresentamos é um modo de ler a Bíblia em grupo. Parte da vida para voltar a ela, depois de iluminada pela Palavra de Deus. Assim fazendo, pretende-se estabelecer um diálogo entre a experiência pessoal do crente e a passagem bíblica alusiva a Maria. Contemplando de que maneira ela respondeu às provocações e desafios que lhe coube viver, de certo modo semelhantes aos nossos, e como seu exemplo é força em nossas respostas de fé atuais. O Roteiro conduz a uma oração compartilhada, na qual temos presente Maria, como intercessora e modelo, para cumprirmos o compromisso assumido.

Na seção "Para aprofundar", é apresentada uma série de temas complementares a cada Roteiro de leitura. Pretende-se, assim, oferecer aos participantes uma simples ajuda, para que possam dar continuidade a seus conhecimentos sobre o ambiente em que se desenvolveu a vida de Maria, alguns aspectos da Escritura em que ela aparece ou elementos da fé eclesial em Maria que consideramos serem de atualidade. Essa parte pode ser lida e comentada por todos os componentes do grupo durante a mesma sessão, no final do Roteiro de leitura; pode-se também dedicar uma sessão exclusivamente para isso e para as perguntas que ocasionar, ou ainda, podem-se convidar os participantes a fazer a leitura em casa, deixando o comentário para o encontro com o grupo.

*Depois do encontro*, cada participante leva nos olhos e no coração o olhar e a pulsação da Palavra. Cumpre-lhe não apagar o fogo por ela suscitado em seu interior (cf. Lc 24,32), mas avivá-lo mediante a reflexão pessoal e a implicação no compromisso, consciente de que não se encontra só: a comunidade e Maria acompanham-no em sua tarefa de seguidor coerente de Jesus ressuscitado.

**Para continuar a reflexão**

Indicamos apenas algumas obras simples que possam ajudar a aprofundar-nos na figura de Maria, tal como no-la apresentam os evangelhos. Cada um dos livros que indicamos oferece, por sua vez, uma bibliografia que pode ser útil.

— Brown, R. e outros (ed.). *María en el Nuevo Testamento*. Salamanca, Ed. Sígueme, 1982.

Trata-se de um livro escrito por uma equipe de especialistas luteranos e católicos. Apresentam a figura de Maria nos evangelhos e na literatura dos primeiros séculos. É uma obra para pessoas iniciadas no tema. Pode servir como livro de consulta para aspectos concretos.

Garcia Paredes, J. C. R. *Santa María del 2000*, Madrid, Ed. BAC, 1998.

É um livro breve e muito simples que trata dos temas fundamentais da fé em Maria, apoiando-se nos textos bíblicos do Novo Testamento.

— Michaud, J. P. *María en los evangelios*. Estella, Ed. Verbo Divino, 1992. Cuadernos Bíblicos n. 77.

O autor desse Caderno Bíblico apresenta a figura de Maria baseada no que dizem os evangelhos a seu respeito. A leitura que faz dos textos bíblicos é simples, porém com seriedade exegética e sem esquecer que são textos de fé.

— Pikaza, X. *Amiga de Dios. Mensaje mariano del Nuevo Testamento*. Madrid, Ed. San Pablo, 1996.

Essa obra propõe-nos Maria como a mulher que se fez mensagem e símbolo de amor para os cristãos. Consta de duas partes. A primeira pretende mostrar a mensagem vivencial mariana conservada por sete textos do Novo Testamento dedicados à mãe de Jesus. A segunda parte ocupa-se da teologia mariana a partir da exegese. Pode ser útil como livro de estudo e como obra para a reflexão pessoal.

— PIKAZA, X. *La Madre de Jesús*. Salamanca, Ed. Sígueme, 1990.

Trata-se de um livro elaborado como ajuda para os que começam a estudar mariologia em um nível bíblico-teológico. Trabalha-se sua presença na Escritura e na Igreja.

— GUIJARRO, S.-SALVADOR, M. *Comentario al Nuevo Testamento*. Madrid, La Casa de la Biblia, 1996. Atenas, PPC, Sígueme, Verbo Divino.

Esse comentário, de fácil leitura, pode ser de utilidade para a compreensão de textos relacionados com Maria no Novo Testamento.

*A equipe de La Casa de la Biblia*

# 1. MARIA DE NAZARÉ, OUVINTE ATIVA DA PALAVRA

## QUAL O OBJETIVO DESTE ENCONTRO?

Neste primeiro encontro, com o qual iniciamos o percurso de diversas etapas da vida de Maria de Nazaré, propomo-nos os seguintes objetivos:
• Aprofundar o conhecimento cordial de quem tem "ouvidos de discípula".
• Apresentar a Virgem como a verdadeira "ouvinte" que soube escutar e acolher a Palavra com simplicidade e em plenitude.
• Descobrir nossa condição de ouvintes privilegiados dessa Palavra aqui e agora; e sentir-nos, como Maria de Nazaré, chamados a fazê-la nossa e a difundi-la.

# ROTEIRO DE LEITURA

"Eu sou a serva do Senhor.
Aconteça-me segundo a tua palavra!"
Antes de iniciar, leia-se **Lc 1,26-38**

➢ **Ambientação**

Na cena da Anunciação, a Palavra eterna de Deus faz-se temporal, próxima e atual. Repetimos algumas vezes na liturgia: Palavra de Deus! Palavra do Senhor!... Não obstante, nem sempre a acolhemos com verdadeiro interesse, nem reagimos diante dela com a mesma obediência ativa e alegre da Virgem Maria. Verdadeiramente, estamos necessitando aproximar-nos dela e aprender em sua escola a simples e eterna novidade da Palavra de vida.

➢ **Consideramos nossa vida**

Nosso mundo está cheio de pressa e de ruídos. Falta capacidade para escutar, para fazer silêncio. Vivemos um tempo louco, de muitas palavras vazias. Todavia, apesar de tudo isso, existem também buscas; e mesmo que às vezes duvidemos, sempre há oportunidade de aprender novamente o valor da escuta atenta para, assim, ganhar espaços de admiração e fidelidade diante da Palavra iluminadora: "Só tu tens palavras de vida eterna."
— *Sabemos escutar os outros? Que atitudes faltam para escutar bem?*
— *Nós mesmos sentimo-nos ouvidos quando contamos aos outros nossas preocupações? Conte alguma experiência.*

➢ **Escutamos a Palavra de Deus**

Em meio ao povo de Israel, já se haviam deixado ouvir, em épocas anteriores, estas mesmas palavras que Maria ouviu: "Alegra-te", "o Senhor está contigo", "seu Reino não terá fim", "para Deus nada é impossível"... E, embora possuíssem oficialmente a categoria de serem "Palavra de Yhwh", nem sempre haviam encontrado o devido eco no coração dos israelitas; eles padeciam de um mal semelhante ao nosso: a surdez habitual. Não obstante, essas mesmas palavras, ao encontrar ressonâncias novas e insuspeitadas na Virgem Maria, adquiriram nela a força necessária para pôr em movimento uma nova criação.

- Fazem-se alguns momentos de silêncio.
- Com olhar atento, lê-se Lc 1,26-38.
- Depois, permitindo que a luz dessa Palavra nos ilumine, respondemos às seguintes perguntas:

— *Existe alguma frase nessa narrativa que nos parece mais importante? Por quê?*

— *Como reage Maria diante da Palavra que é anunciada?*

— *Que mudanças produzem em Maria a escuta atenta e a acolhida dessa Palavra?*

## ➤ Voltamos a considerar nossa vida

Não é só a Virgem Maria quem recebe o anúncio de um "anjo". Anjo significa "mensageiro". E todos nós encontramos no caminho da vida "anjos" que nos colocam muito perto da Palavra do Senhor. Pessoas e acontecimentos, do mesmo modo que certos detalhes da vida podem ser, na realidade, "mensageiros divinos". Embora não seja exatamente igual ao caso da Virgem, também nós recebemos continuamente mensagens de Deus. O importante é saber acolhê-las.

— *Existe alguma luz nesta passagem do evangelho que possamos aplicar a nosso momento presente?*

— *Descobrimos em nossa vida "anjos" de Deus que nos tenham transmitido sua Palavra?*

— *Acolhemos a Palavra de Deus como dirigida verdadeiramente a nós? Que mudanças provocou esse acolhimento em nossa vida?*

> **Oramos**

Tendo muito presentes nossas limitações e nossas indiferenças em relação à Palavra de Deus, valorizemos também, com a ajuda do Espírito, os passos que estamos dando na escuta e na acolhida dessa Palavra que dá luz e força para viver.

• Lemos novamente a narrativa ou alguma frase dela e fazemos alguns instantes de oração em silêncio.

• A seguir, expressamo-nos com palavras ou com gestos para pedir perdão por nossa surdez e/ou para dar graças por nosso despertar sob o influxo da Palavra.

• Pode-se concluir rezando juntos o *"Angelus"*, ou cantando: "Mãe de todos os homens, ensina-nos a dizer Amém".

## EXPLICAÇÃO DA PASSAGEM

Ao ler essa página do evangelho, é fundamental situar-nos o melhor possível no acontecimento que nos é transmitido. Para consegui-lo, será de grande ajuda o fato de prestar atenção aos lugares, aos personagens que configuram a trama e às atitudes que daí advêm.

*Indicações de lugar*

Na Bíblia, como na vida, importantes são os fatos; todavia, o lugar onde estes acontecem sempre acrescentam algo especial. Por isso, guardamos na lembrança muitos lugares e paisagens. Zacarias encontra-se no templo de Jerusalém quando recebe o anúncio de que sua esposa Isabel vai ter um filho. O templo é o lugar sagrado por excelência, e a cidade de Jerusalém ocupa o centro da história de Israel. Em compensação, a Palavra é dirigida à Virgem Maria em "Nazaré da Galiléia". Nazaré é uma aldeia que nem figura nos mapas oficiais; tão insignificante que Natanael pode afirmar tranqüilamente: "Procura e verás que da Galiléia não surge profeta" (Jo 7,52).

Pois bem, nesse marco tão profano e carente de valor dentro do ambiente judaico é onde "o Verbo se fez carne e habitou entre nós". O texto nos oferece, portanto, dados comprováveis de que a Palavra de Deus fez-se presente não só no Templo, mas em uma terra que não tem como apresentar título algum de grandeza. Desse modo, indica pistas para que tiremos nossas conclusões.

*Os personagens*

Lucas transmite aqui o encontro mais prodigioso que se possa imaginar entre Deus e qualquer criatura humana. Pensando bem nisso, só Maria estaria em condições de contar algo do que realmente aconteceu. E ela não poderia dar a entender a profundidade dessa experiência a não ser mediante figuras próprias de sua cultura.

— O anjo: anjo quer dizer "mensageiro". Na Bíblia, emprega-se esse termo com o matiz de "mensageiro de Deus". Gabriel significa "Deus é minha força". É o mesmo anjo que foi enviado a Daniel para revelar-lhe a profecia das setenta semanas. Está diretamente associado à vinda salvadora de Deus (Dn 8,16; 9,21). É enviado a Zacarias e a Maria, para anunciar-lhes o nascimento de seus filhos (Lc 1,19.26). Lucas não duvida da realidade desses mensageiros (cf. At 23,8); porém, segundo o uso bíblico, quando ocorre uma comunicação divina, pode-se também falar de intervenção "de um anjo" (cf. Jo 12,29); e onde se realizar uma profunda experiência espiritual, podemos dizer que o Senhor esteve presente (cf. Lc 22,43). Definitivamente, o que importa é assinalar a profunda vinculação existente entre o "Anjo/mensageiro" e a "Palavra/Experiência de Deus".

— Maria: Maria, Mariam ou Miriâm é o nome que havia recebido em outros tempos a irmã de Moisés e do Aarão (Ex 15,20). O significado do nome não está claro, porém no aramaico do século I, interpretava-se o nome de Maria como "senhora" ou "princesa". Em muitos momentos, Lucas refere-se a Maria como a uma jovem mulher do povo hebreu e fiel observante da Lei (Lc 2,22.27.39); ao mesmo tempo, porém, quer deixar claro que não se trata de uma mulher judia qualquer. Na Anunciação, é apresentada primeiramente como "uma jovem, prometida em casamento a um homem chamado José". Mas o anjo Gabriel saúda-a, dizendo: "Alegra-te" e, em continuação, vai desfiando uma ladainha de dons de Deus: "o Senhor está contigo", "ó tu que tens o favor de Deus", "engravidarás e darás à luz um filho, e lhe darás o nome de Jesus", esse teu filho "será chamado filho do Altíssimo", "o Espírito Santo virá sobre ti", "o poder do Altíssimo te cobrirá com a sua sombra", "aquele que vai nascer será santo e será chamado Filho de Deus". Todas essas expressões sublimes falam-nos da grandeza de Maria, precisamente porque ela "ouve a Palavra de Deus e a põe em prática".

— O Espírito Santo: segundo Lucas, desde seu nascimento, Jesus está unido ao Pai. Essa relação é obra do Espírito Santo, a quem o evangelista descreve como o poder ou a força de Deus (Lc 1,35), que esteve presente na criação do mundo (Gn 1,2) e que reaparece também agora, no momento em que tem início a nova criação de Deus. A presença do Espírito no relato da concepção virginal de Jesus está testemunhando que a salvação, buscada e ardentemente desejada por homens e mulheres de todos os tempos, nunca poderemos fazê-la brotar só por nossas próprias forças. Será sempre dom e dádiva de Deus.

*As atitudes que se manifestam em Maria*

— Perplexidade e espanto: em um primeiro momento, Maria sente-se confusa diante da saudação. São impressões em demasia para uma jovem de coração simples, ainda que esteja sensibilizada com o projeto salvador de Deus! No entanto, o anjo confirma a validade da saudação e dissipa a confusão.

— Liberdade de espírito e maturidade humana: a figura de Maria aparece com alguns traços bem definidos de liberdade e de maturidade excepcional. O diálogo salienta, juntamente com a simplicidade dessa jovem, sua capacidade de intervenção crítica e respeitosa: "Como se fará isso?"

— Escuta atenta e acolhida da Palavra: trata-se do mais importante, do que é definitivo. Em Maria, realiza-se com perfeição o que o profeta Isaías havia anunciado: despertar o ouvido todos os dias, para escutar como discípulos (cf. Is 50,4). E essa escuta transforma-se em disponibilidade total: "Aconteça-me segundo a tua palavra" (Lc 1,38).

## PARA APROFUNDAR

### Acolher a Palavra

Diante das páginas da Bíblia Sagrada, muitas pessoas reagem dizendo: "não tiro nenhum proveito, não sei como interpretar, é muito difícil entender o que quer dizer". Não resta dúvida de que existe um problema sério nessa relação entre os que crêem e a Palavra de vida. É como se estivéssemos avançando por uma formosa vereda e, de repente, desaparecesse o caminho ou encontrássemos um muro intransponível. Como produzir um pouco de luz sobre o tema?

A Bíblia é apaixonante, porém nem sempre é fácil. Existem obstáculos reais que provêm dos próprios escritos bíblicos, do desconhecimento das circunstâncias daquele tempo e também da própria linguagem empregada: existem termos e aplicações próprias de épocas muito diferentes da nossa. Atenção, porém, ao fato de que muitas vezes pode acontecer que algumas dificuldades dependam de nós mesmos, de nossas atitudes. A essas referimo-nos aqui, de modo muito especial.

*Três passagens incompletas*

— Cada página da Bíblia é como uma pessoa conhecida com quem cruzamos na rua; trata-se de uma pessoa extraordinária, que poderia chegar a ser amiga de verdade. Entretanto, se dissermos "Olá, como vai?", e não dermos atenção a sua resposta, seguindo adiante sem nos determos, que amizade poderá crescer entre nós dois? Esse é um dos maiores problemas que podem surgir com a Palavra de Deus: roçar levemente a Palavra e passar superficialmente, sem penetrar em seu conteúdo. Dedicamos-lhe apenas um pouco de tempo, e com o mínimo de interesse. Não rompemos sequer a casca e por isso torna-se impossível saborear o fruto.

— Outras vezes, dedicamos-lhe tempo e esforço, porém consideramos o que lemos como coisa do passado, ou seja, algo que merece ser lembrado como "história sagrada" e que nos faz exclamar: que lindo!... Mas não sentimos como algo atual e pessoal, como um elemento que mereça situar-se todos os dias no horizonte vital do nosso aqui e agora.

— Finalmente, damos um passo a mais. Aproximamo-nos da Palavra, sentindo-a como algo que nos afeta e toca nossa própria pele. Como algo que convém para nossa experiência de vida e, por isso mesmo, dele tentamos apropriar-nos. Consideramo-lo necessário e procuramos guardá-lo zelosamente. Assim fazendo, já conseguimos muito. Falta, todavia, um último passo que é definitivo.

*Os passos necessários*

Primeiro: é necessário interiorizar a Palavra de Deus que chega a nós. Requer-se esforço e perseverança ativa na busca permanente; é, porém, ainda mais imprescindível o deixar-se guiar por ela. A Palavra sai a nosso encontro; é preciso dedicar a ela muito tempo, como se faz com os amigos. E ainda que haja coisas que não chegaremos a entender por completo, poderemos sempre "guardá-las no coração", como Maria, esperando tempos melhores para a compreensão mais profunda.

Segundo: não basta interiorizá-la; é necessário também torná-la presente, atualizá-la. Quando a Palavra de Deus é acolhida no coração, mais cedo ou mais tarde nos damos conta de que é atual; o que sucedeu no passado também pode acontecer no presente. E mesmo que às vezes nos perguntemos, como os israelitas no deserto, "O Senhor está ou não no meio de nós?" (Ex 17,7), pouco a pouco iremos descobrindo que também nós podemos dizer o mesmo que Jesus na sinagoga de Nazaré: "Hoje, esta escritura se realizou para vós que a ouvis" (Lc 4,21).

Terceiro: o grande obstáculo com que nos defrontamos está no fato de que hoje em dia se relativiza tudo; e, como conseqüência, cresce a inibição relativa a essa Palavra pela qual fomos iluminados para ser a luz do mundo. Urge, por isso, universalizá-la, ou seja, oferecer aos outros "o que ouvimos, o que vimos com nossos olhos, o que contemplamos e nossas mãos tocaram do Verbo da vida" (1Jo 1,1). É necessário potencializar a consciência de ser enviados/missionários e pôr-se a caminho para levar essa Boa Notícia aos outros; precisamos abrir as mãos para compartilhar a alegria do tesouro descoberto e da pérola encontrada (cf. Mt 13,44-46).

*Peregrinos, com Maria de Nazaré, ao encontro da Palavra*

Para poder dar esses passos, superando cada um dos obstáculos, é conveniente aprofundarmo-nos sempre mais no caminho percorrido por Maria de Nazaré. Ela tornou realidade o que somos chamados a viver hoje, sem exceção, todos os discípulos de Jesus. Também a nós é dirigida a Palavra que liberta e salva. Está ao alcance de todos. Não é preciso subir aos céus, nem buscar além do mar. "A palavra está bem perto de ti, está em tua boca e em teu coração, para que a ponhas em prática" (Dt 30,14).

## PARA PREPARAR O PRÓXIMO ENCONTRO

Para preparar o próximo encontro, lemos Lc 1,5-45. Nessa passagem, aparece o relato de dois anúncios: o de João Batista e o de Jesus. Em ambos, existem elementos bastante semelhantes, mas encontramos também diferenças. Enquanto lemos o texto, podemos anotar o que vier à mente, respondendo à seguinte pergunta:

*Quais os elementos comuns nos dois anúncios*
*e que diferenças encontramos?*

## NOTAS

# 2. MARIA, BENDITA E BEM-AVENTURADA

## QUAL O OBJETIVO DESTE ENCONTRO?

Maria acolheu a Palavra em suas entranhas. O sim pronunciado por seus lábios reflete a atitude de seu espírito aberto ao plano de salvação de Deus. As notícias sobre sua prima Isabel fazem com que se ponha a caminho e que vá a seu encontro com atitude de júbilo e de serviço.

Nesta sessão, propomo-nos a:

• Descobrir como se tornam realidade, em Maria, todas as bênçãos de Deus a seu povo, culminando a história das grandes mulheres da Escritura.

• Contemplar Maria como a primeira bem-aventurada.

• Refletir sobre a proposta de felicidade que nos faz esta passagem.

## ROTEIRO DE LEITURA

"Tu és bendita mais do que todas as mulheres; bendito é também o fruto do teu ventre. [...] Bendita aquela que creu."

Antes de começar, leia-se **Lc 1,39-45**

➢ **Ambientação**

Usam-se com certa freqüência, em nossa sociedade, os termos "bendizer" e "maldizer". Abençoamos a comida, a água; bendizem-se os campos, as crianças. Benzemos objetos religiosos para nossa devoção. No sentido contrário, existe também a maldição.

Alcançar a felicidade, a ventura plena, é meta de todo ser humano. Maria é apresentada como bendita e como bem-aventurada por sua prima Isabel, longe, porém, dos padrões por nós utilizados para bendizer alguém ou para decidir em que consiste a felicidade ou determinar quem é feliz.

➢ **Consideramos nossa vida**

Na vida do dia-a-dia, deparamos com situações que provocam espontaneamente em nós a experiência da bênção ou da maldição. Nós, que cremos, quando contemplamos a ação de Deus na vida, bendizemos seu nome. Por outro lado, porém, quando necessitamos sua ajuda, seu consolo, seu favor, sua paz, pedimos sua bênção. Tampouco podemos negar que, em situações extremas, pode surgir no interior do ser humano o desejo da maldição. Com a maldição, procura-se atrair a desgraça, o infortúnio, a miséria para o outro.

— *Quando costumamos bendizer? Que sentido damos a esse bendizer?*

— *Quando dizemos a alguém "você é ditoso" ou "feliz de você"?*

— *Que pessoas, que coisas ou situações enchem você de alegria, fazem-no sentir-se realizado, satisfazem-no e lhe dão paz interior? Por que se produz em você essa felicidade?*

➢ **Escutamos a Palavra de Deus**

Vejamos se a Palavra de Deus pode iluminar essas experiências que encontramos na vida cotidiana.
• Antes de ouvir a Palavra de Deus, fazemos um momento de silêncio para preparar-nos interiormente.
• Proclamação de Lc 1,39-45.
• Silêncio. Ler individualmente outra vez a passagem, observando também as notas.
• Procuramos responder juntos às seguintes perguntas:
— *Como descreve o texto a atitude de Maria? Atenção a cada detalhe.*
— *Quem leva Isabel a irromper nessa exclamação?*
— *A quem bendiz Isabel? Com que palavras dirige-se a Maria?*
— *Por que Maria é proclamada bem-aventurada?*

➢ **Voltamos a considerar nossa vida**

Partindo da própria experiência avaliada por todos os membros do grupo e iluminados pela Palavra de Deus, procuramos aprofundar-nos nessa passagem evangélica e ver em Maria a bem-aventurada perfeita.
— *Você acredita que é motivo de felicidade completa o fiar-se em Deus e crer nele?*
— *Vivemos com alegria nossa vida, considerando-a tempo de salvação?*

➢ **Oramos**

Apresentamos ao Senhor nossa oração e nossa vida compartilhada. Pedimos que ele seja nossa alegria e que encontremos na fé um motivo de louvor e de felicidade para todos nós.
• Ler novamente Lc 1,39-45.
• Alguns podem bendizer a Deus espontaneamente, por diferentes motivos, enquanto outros podem dizer "bem-aventurados os... porque...".
• Canta-se "Bem aventurados seremos, Senhor" ou outro canto semelhante que todos conheçam.

## EXPLICAÇÃO DA PASSAGEM

Se procurarmos o ponto de referência desse breve texto, conhecido como a Visita de Maria, iremos constatar o paralelismo que Lucas estabelece continuamente entre Jesus e João. Depois da Dedicatória (Lc 1,1-4) com que inicia seu relato, o evangelista desenha um tríptico: em um primeiro quadro, narra o anúncio do nascimento de ambos (Lc 1,5-56); em um segundo painel, pinta o nascimento de João e, em continuação, o de Jesus (1,57-2,52); na terceira tela, a primeira atividade de ambos (Lc 3,1-4,13). Nessa dupla apresentação, Lucas propõe a passagem do Antigo para o Novo Testamento, do tempo da promessa para o tempo do cumprimento, e o caráter definitivo de Jesus e sua missão sobre o de João. Para Lucas, cumprem-se em Jesus as promessas de salvação que Deus havia feito ao povo de Israel e inaugura-se com ele um tempo novo.

O povo israelita fiel esperou com impaciência a chegada do Messias, guardando e amadurecendo antigas promessas. Os antigos profetas (Isaías, Ezequiel, Zacarias) foram marcando o caminho, convidando o povo a que pusesse sua esperança na intervenção de Deus. Isabel é a personificação de todo um povo crente que espera. Maria é o seio que gera a promessa de Deus. A Visita é o encontro de duas mães (Isabel e Maria), de dois filhos (João e Jesus) e de dois tempos na história da salvação, o tempo da esperança e o tempo do cumprimento.

Os varões estão afastados da cena. Nos primeiros versículos do capítulo aparece Zacarias, sacerdote justo aos olhos de Deus, o qual, não obstante, desconfia do anúncio do anjo, pede garantias para acreditar que vai ser pai (Lc 1,18.20); a desconfiança tem como conseqüência sua mudez temporária. Zacarias pertence ainda ao Antigo Testamento, não tem capacidade para contemplar o Novo, ao passo que Maria é a mulher que inaugura os novos tempos. São duas atitudes distintas diante do anjo que anuncia: Maria aceita sem reservas que se cumpra nela a Palavra de Deus (Lc 1,38), ao passo que Zacarias duvida (Lc 1,18).

As protagonistas da Visita são duas primas, Isabel e Maria. Isabel, a esposa de Zacarias, situa-se em linha com todas as mulheres estéreis do Antigo Testamento que, depois de um longo tempo de espera, são agraciadas por Deus. Lembremos Sara, a mulher de Abraão (Gn 17,15-16; 18,11-14; 21,1-4), a mãe de Sansão (Jz 13,2-5.24), a mãe de Samuel (1Sm 1,5.19-20). Nelas torna-se visível a ação de Deus que, com sua mão, conduz a história, surpreendendo-nos uma porção de vezes.

"Naquele tempo, Maria partiu às pressas", ou seja, pouco depois da Anunciação (Lc 1,26-38). O anjo Gabriel anuncia a Maria que sua prima Isabel está grávida. Maria põe-se a caminho com solicitude, é a atitude da mulher que não espera ser chamada quando há uma necessidade, mas vai ao encontro para ver em que pode ajudar. A viagem entre Nazaré e a cidade de Judá, da qual fala o texto, supõe quatro dias de caminhada, atravessando as montanhas. O texto não acrescenta mais nada, porém, segundo uma antiga tradição, tratar-se-ia da atual cidade de Ain Karem, situada a cerca de sete quilômetros a oeste de Jerusalém.

A ação passa para Isabel, que irá prorromper em uma bênção e em uma bem-aventurança. A saudação de Maria, que leva o Messias em seu seio, alcança Isabel e, através de sua mãe, o precursor do Messias, João. A criança salta de alegria em seu seio. O movimento natural da criança transforma-se em sinal do júbilo que desperta o encontro das duas crianças, dos dois tempos, o da promessa e o do cumprimento. As palavras que brotam da boca de Isabel são fruto do Espírito Santo que desceu sobre ela e deu-lhe a conhecer o mistério de Maria (Lc 1,41). Isabel, constituída profetisa do tempo que se inaugura, capta e confirma a saudação do anjo Gabriel, proclamando a bênção de Deus sobre Maria e sobre o fruto de suas entranhas: "Tu és bendita mais do que todas as mulheres; bendito é também o fruto do teu ventre!" (Lc 1,42). Desde os tempos mais remotos, Deus abençoou abundantemente seu povo. É a bênção descendente, na qual toda a humanidade se beneficia da ação misericordiosa de Deus. Abençoa Abraão e nele toda a humanidade: "em ti serão abençoadas todas as famílias da terra" (Gn 12,3), abençoa David e toda a sua casa com um reinado perpétuo (2Sm 7,16.29). Na plenitude da história, Maria é abençoada e nela inaugura-se o novo tempo messiânico, o tempo de Cristo, fruto de seu ventre. Na jovem Maria bendiz-se a Deus, bênção ascendente, porque derrama sua bondade para conosco. A vida daquele que crê transforma-se, assim, num bendizer contínuo a Deus.

Isabel continua reagindo com uma exclamação de espanto: "Como me é dado que venha a mim...", mesclada com uma profissão de fé: "a mãe do meu Senhor?". João inaugura sua missão anunciando pela boca de sua mãe o senhorio de Jesus. Isabel confirma em uma segunda frase (comparar Lc 1,41 e Lc 1,44) que, como conseqüência da saudação de Maria, é a alegria que faz a criança saltar em seu ventre. O tempo de salvação é tempo de alegria.

A intervenção de Isabel conclui-se com uma bem-aventurança: "Bendita aquela que creu: o que lhe foi dito da parte do Senhor se cumprirá" (Lc 1,45). Maria é proclamada bem-aventurada, não por participar dos bens ou dos poderes deste mundo, mas por sua fé límpida e acolhedora da palavra do anjo e porque creu em Deus sem impor reservas, porque se cumprirá nela a promessa de Deus.

## PARA APROFUNDAR

### A mulher no judaísmo da época

Aproximamo-nos da figura da mulher no judaísmo a partir de uma dupla vertente que, por sua vez, mantém estreita correlação uma com a outra: sua condição social e religiosa.

*Condição social*

A posição da mulher na sociedade judaica tem relação direta com o âmbito familiar. O respeito e o apreço de que desfruta dependem do número de filhos — especialmente varões — e da capacidade de administrar bem a casa. O marido dedica-se a ela e os filhos devem-lhe obediência e respeito tanto quanto ao pai. Tradicionalmente, o destino natural e originário da mulher é a maternidade, o que faz com que o mandato de reprodução seja dirigido ao homem, e não à mulher. Em troca, como em todo o Oriente Antigo, a esterilidade é imputada à mulher; mais ainda, segundo o direito tradicional, pode ser motivo de divórcio se ao cabo de dez anos não tiver filhos. As obrigações das mulheres consistem no cuidado dos filhos menores, na educação das filhas para sua futura missão de esposas e mães, na administração da casa e na fiel observância das respectivas prescrições rituais. O marido faz elogios à mulher de valor e os sábios a exaltam (Pr 31,10-31).

O matrimônio, para o mundo judaico, sem chegar a ser um sacramento, é um contrato que passa do meramente profano à esfera do sagrado; com efeito, o ato que estabelece o vínculo conjugal denomina-se "santificação". Os doutos aconselhavam que as jovens fossem dadas em casamento a partir da idade de doze anos e que os rapazes se casassem ao chegar aos dezoito; a idade de vinte anos era considerada como limite extremo. O adultério reveste-se de especial gravidade e é castigado com o apedrejamento da mulher, ao passo que o varão não incorre em falta ao manter relações com outras mulheres além de sua esposa (escravas ou prostitutas). No caso de o marido querer divorciar-se de sua mulher por haver encontrado nela "algo desagradável", deve entregar-lhe um ""libelo de repúdio", documento que permite à mulher voltar a casar-se; por outro lado, a mulher, segundo a Lei judaica, não pode requerer o divórcio.

A mulher é sempre "menor de idade"; quando jovem, está sujeita à autoridade do pai e, quando casada, à do marido, a quem chama "senhor". O contrato de matrimônio oferece a possibilidade de chegar a acordos que favorecem a mulher, com relação a seu direito aos bens, ainda que, no geral, a administração e o usufruto do capital caiba ao marido; em relação a uma herança, não pode herdar do marido e nem mesmo de seu pai, exceto na ausência de um herdeiro masculino.

O costume determina que, na medida do possível, a mulher não se mostre excessivamente em público. Para o homem, o trato com mulheres é considerado se não como possível, ao menos como aparente ocasião de pecado, devendo-se, pois, restringi lo ao absolutamente indispensável.

*Condição religiosa*

A mulher judia não pode ser sacerdote nem desempenhar outras funções do culto — tais como cantar, limpar, preparar oferendas — que são reservadas aos varões levitas. Sua presença no Templo de Jerusalém limita-se ao "átrio das mulheres", ficando elas adiante apenas dos pagãos. O mesmo acontece na sinagoga, onde ocupa um lugar distinto dos homens. Para a oração, é imprescindível que haja, no mínimo, dez varões maiores de idade; caso contrário, mesmo que haja um número significativo de mulheres, não é permitido começar. No antigo Israel, sim, consta a existência de mulheres profetisas: Miriâm (Ex 15,20s), Deborá (Jz 4,4) e outras.

A Lei contempla uma série de considerações rituais nas quais entra em jogo a dialética do puro-impuro e que afetam o mundo feminino. Tanto a menstruação (Lv 15,19-30) como o parto condicionam toda uma série de precauções e prescrições. Devido ao parto, a mãe permanece impura por trinta dias se for menino, e quarenta e dois, se for menina. Passados esses dias, a mulher piedosa oferece um sacrifício no Templo (Lv 12,2-6; Lc 2,22-24).

A responsabilidade religiosa sobre a mulher compete ao pai, ou ao marido. Os votos da mulher devem ser revalidados pelo marido, o qual pode também invalidá-los (Nm 30,4-17). Só o homem está obrigado a uma observância plena da Torah. Na bênção matutina, o homem dá graças a Deus por não havê-lo criado pagão, nem mulher, nem escravo.

É nesse contexto social e religioso que vive Maria, casada com José, na aldeia de Nazaré, pequenino povoado da Galiléia, submetida às prescrições religiosas e sociais do judaísmo do século I.

*Maria e Isabel inauguram os novos tempos*

Nesse contexto de marginalização ou de exclusão a que estão sujeitas as mulheres, sobressaem com mais força ainda, se assim se pode dizer, as duas figuras femininas como nos são apresentadas pelo evangelista Lucas.

Há só mulheres em cena. São as que esperaram, as que creram (lembremos que Zacarias duvida) e as que se fundem em um abraço que é, na realidade, o abraço dos dois tempos salvíficos, que está bradando sua consumação e que a realiza. João e Jesus saltam de alegria no ventre de suas mães ao se encontrarem e se saudarem.

No evangelho de Lucas, a história da salvação passa pela entrega total e incondicional de Maria à Palavra de Deus. Longe de desempenhar um papel secundário, de mera coadjuvante, Maria é protagonista, é mulher que diz sim, que arrisca, que confia, que aceita que Deus entre em sua vida, transformando-a e mudando-a totalmente.

## PARA PREPARAR O PRÓXIMO ENCONTRO

Em nosso próximo encontro, iremos deter-nos na passagem do "Magnificat". Encontra-se em Lc 1,46-55. Enquanto o lê, fixe sua atenção nisto:

*Quais são os motivos pelos quais Maria louva a Deus?*

## NOTAS

## NOTAS

# 3. MARIA LOUVA O SENHOR

## QUAL O OBJETIVO DESTE ENCONTRO?

Maria visitou Isabel. Nelas, encontraram-se os dois filhos, João e Jesus, e os dois tempos, o tempo da promessa e o do cumprimento.

À saudação de Isabel, Maria responde com o salmo de ação de graças que conhecemos pelo nome de "Magnificat". Vamos participar neste encontro, por meio desse salmo, da admiração de Maria diante das maravilhas de Deus.

Propomo-nos um tríplice objetivo:
• Apreender os sentimentos de Maria depois da mensagem do anjo, em resposta ao elogio de Isabel.
• Reconhecer que Deus inverte as situações.
• Tomar consciência de que o "Magnificat" convida-nos à ação.

# ROTEIRO DE LEITURA

## "Minha alma exalta o Senhor."

Antes de começar, lê-se **Lc 1,46-55**

➤ **Ambientação**

São Lucas nos apresenta o "Magnificat" imediatamente depois da cena da Visitação. Deparamos com uma poesia que descreve a atuação de Deus na história da salvação. Os sentimentos humanos vibram na contemplação do grande acontecimento que une a pobreza de Maria com a riqueza divina. As palavras de Isabel, "Bendita aquela que creu", permitem que Maria empreste sua voz aos que esperam o Redentor. Desenvolve-se um leque de vivências sobre Deus, Israel, a humanidade e sobre a pessoa de Maria.

➤ **Consideramos nossa vida**

A experiência nos diz que nosso caminhar às vezes é titubeante, cheio de perplexidades. Existem situações que não podemos enfrentar apenas com nossas forças. Todavia, vemo-nos também confortados com apoios e estímulos que não procedem de nós, nem de nossas capacidades. Por isso, sentimo-nos convidados a reconhecer e agradecer a ajuda que nos é oferecida gratuitamente.
— *Sabemos ser agradecidos?*
— *De que podemos dar graças na vida?*
— *Como costumamos expressar nosso agradecimento?*

➤ **Escutamos a Palavra de Deus**

O "Magnificat" descreve as obras salvíficas de Deus, e Maria transforma-se em testemunho e cantora dessas maravilhas.
• Preparamo-nos para acolher a Palavra de Deus com alguns instantes de silêncio. O Senhor nos fala.
• Um membro do grupo proclama Lc 1,46-55.
• Cada pessoa torna a ler detidamente a passagem, consultando as notas da Bíblia.

- Todos juntos, procuramos responder às seguintes perguntas:
— *Por que Maria louva a Deus?*
— *O que fez Deus na vida de Maria?*
— *Em que consiste a obra salvadora de Deus na história do povo de Israel?*

➢ **Voltamos a considerar nossa vida**

Muitas vezes ouvimos o "Magnificat" e a Igreja reza-o a cada entardecer. Desejamos, porém, que impregne nossa vida, que a fecunde e faça germinar.
— *Reconhecemos as ações de Deus em nossa vida pessoal e comunitária? Onde? Quando?*
— *A que nos impele esse reconhecimento?*

➢ **Oramos**

Expressamos em forma de oração o que nos sugeriu a leitura e meditação do "Magnificat".
- Depois de uma pausa de silêncio para criar um clima de oração, voltamos a ler Lc 1,46-55.
- Na oração pessoal, pedimos ao Senhor que abra os olhos e os ouvidos de nosso coração, para que possamos compreender mais profundamente sua Palavra.
- Na oração comunitária, sintonizamos com os sentimentos de Maria para dar graças ao Senhor por tudo o que realiza em nossas vidas e nas de nossos povos.
- Podemos concluir cantando o "Magnificat".

## EXPLICAÇÃO DA PASSAGEM

Vamos tentar penetrar no canto de Maria. Tal poema, conhecido tradicionalmente com o nome latino de "Magnificat", situa-se na narração do encontro de duas mães, Maria e Isabel, que é na realidade o encontro dos dois filhos, João, o Batista, e Jesus (Lc 1,39-56). Trata-se de um salmo de ação de graças composto de citações e alusões ao Antigo Testamento. Existe uma estreita relação entre esse cântico e o pronunciado por Ana (1Sm 2,1-10). Em ambos os casos, uma mulher proclama solenemente a grande intervenção de Deus, ao escolhê-la para ser mãe de uma figura decisiva na realização de seu plano salvífico.

O poema começa com uma breve introdução (Lc 1,46b-47) na qual Maria irrompe em ação de graças e reconhece a grandeza de Deus como fonte de todas as bênçãos que se derramam sobre ela: "Minha alma exalta o Senhor". "Minha alma" equivale a "minha pessoa". O canto continua dizendo: "e meu espírito se encheu de júbilo por causa de Deus, meu Salvador". Não é indicado limite no tempo para essa alegria. Destaca-se o júbilo, o prazer imenso de Maria, a alegria com que contempla a Deus. É a primeira vez que aparece em Lucas o título de Salvador, que irá assumir grande importância ao longo de seu evangelho. Cria-se uma atmosfera de "alegria" que irá caracterizar, nas narrativas da infância, os que percebem o surgir de uma nova era, inaugurada pela atuação de Deus em Jesus Cristo. Irrompe a alegria da plenitude dos tempos.

Podemos dividir o poema em duas partes. A primeira consta de uma ação de graças pessoal de Maria (Lc 1,48-50), e a segunda contém o agradecimento do povo de Israel (Lc 1,51-53).

A primeira parte começa indicando-nos a verdadeira razão do louvor de Maria: "porque ele pôs os olhos sobre a sua humilde serva" (Lc 1,48). A que será a mãe de Deus auto-apresentou-se em Lc 1,38 como "serva" e sua "humildade" é expressão de sua pequenez. Maria confessa que não são seus méritos que a fazem mãe do Messias; e, por isso, proclama que Deus é grande. Maria continua exclamando: "Sim, doravante todas as gerações me proclamarão bem-aventurada" (Lc 1,48). A mãe do Senhor é proclamada ditosa, bem-aventurada, é exaltada especialmente como primeiro modelo de quem vai aceitar, na fé, a personalidade de seu Filho. "Porque o Todo-poderoso fez por mim grandes coisas" (Lc 1,49) lembra a atuação de Deus em Maria, fazendo-a Mãe do Senhor e está relacionado com as façanhas históricas de Deus em favor de seu povo (cf. Dt 11,7; Jz 2,7). Rememora de algum modo o Êxodo e a Aliança do Sinai. Esta primeira parte do canto conclui-se com as palavras de Maria: "A sua bondade se estende de geração em geração sobre aqueles que o temem" (Lc 1,50). "Os que o temem" significa os que o respeitam; não se trata de "medo", mas de "fidelidade". A misericórdia inexaurível de Deus para os que o respeitam é um lugar comum do pensamento israelita. Maria testemunha agora essa verdade em um sentido mais pessoal. O anjo lhe havia dito que não tivesse medo (Lc 1,30) e que o reino sobre o qual seu filho iria reinar duraria para sempre (Lc 1,33), de tal maneira que a nova aliança em Jesus é um exemplo da misericórdia de Deus de geração em geração.

Na segunda parte do poema, os motivos de louvor já não são tanto os do orante, mas os do grupo dos pobres. "Ele interveio com toda a força do seu braço" (Lc 1,51). O "braço" de Deus é símbolo de sua força e de seu poder; o "braço" de Deus muda, e até mesmo inverte as situações humanas. "Precipitou os poderosos de seus tronos e exaltou os humildes; os famintos, ele os cobriu de bens, e os ricos, despediu-os de mãos vazias" (Lc 1,52-53). Lucas mostra-nos neste canto um tema de sua predileção: Deus tem piedade dos pobres (Lc 6,20-26; 16,19-25). Na realidade, não existe aqui apenas uma exaltação dos pobres, dos quais Maria é representante, mas uma concepção utópica da história na qual a misericórdia de Deus e a força de seu braço dirigem-se a derrubar os ricos e soberbos e a levantar os pobres e humildes. Os que contam diante dos olhos de Deus são os que passam despercebidos para os poderes deste mundo.

A conclusão do cântico está nos versículos 54 e 55. A expressão "Veio em socorro de Israel, seu servo" é uma ressonância do tema do servo do Senhor (Is 41,8-9). Os pobres, cujo brado está contido no corpo do hino, identificam-se com o restante de Israel. A salvação realizada em Jesus é o ato definitivo pelo qual Deus cumpre sua aliança com Israel, a última manifestação de sua misericórdia para com o servo, seu povo. "Lembrado de sua bondade, como dissera aos nossos pais". Esses versos nos lembram o que anunciou Miquéias (Mq 7,20): "Concederás a Jacó tua fidelidade, e tua graça a Abraão. Assim como juraste a nossos pais, desde os dias de outrora." Na conclusão do hino, convergem todas as linhas da promessa. a patriarcal (cf. Gn 17,7; 18,10; 22,17) e a davídica (2Sm 7,11-16).

# PARA APROFUNDAR

## A revolução de Deus

*Dispersou os homens de pensamento orgulhoso; precipitou os poderosos de seus tronos e exaltou os humildes; os famintos, ele os cobriu de bens e os ricos, despediu-os de mãos vazias.*

Ao longo da história, esses versos do "Magnificat" foram objeto de interpretações bastante diversas. Há quem tenha se aproximado deles sob o aspecto espiritualista; outros, muito mais comprometidos com o viver dos homens, falaram-nos da "revolução de Deus". Para os Padres da Igreja e os primeiros teólogos, os "orgulhosos e poderosos" eram os demônios, os sábios gregos, os judeus incrédulos ou os fariseus dos tempos de Jesus. Mais recentemente, para os cristãos das comunidades eclesiais de base na América Latina, esse mesmo hino fala-lhes do derrubamento dos ditadores e dos grandes possuidores deste mundo e proclama o novo poder dos sem-poder, que triunfa sobre a violência dos poderosos.

Tentando ler esses versículos no conjunto da Escritura, encontraremos luz para aproximar-nos um pouco de seu sentido mais genuíno.

*Para elevar os que estão embaixo,*
*Para que se salvem os que estão arruinados.*

O tema da inversão de situações perpassa todo o Antigo Testamento. Lemos em suas páginas essa revolução como expressão do poder de um Deus que "torna pobre e enriquece, rebaixa, e também exalta. Ergue o fraco da poeira e retira o pobre do monturo" (1Sm 2,7-8), que "Aos abatidos poderás dizer: 'Levanta!' Pois ele salva os homens de olhos baixos" (Jó 22,29).

O Antigo Testamento fala-nos de um Deus que tem pela frente os orgulhosos e os ricos, e que triunfa destruindo tudo o que desorienta o homem; um Deus que olha com bondade e levanta de sua prostração o pobre em bens e rico em miséria (Sr 11,12). Esse Deus se manifestará quando chegar o Messias, salvador dos oprimidos: "o Senhor fez de mim um messias, ele me enviou a levar alegre mensagem aos humilhados, medicar os que têm o coração confrangido, proclamar aos cativos a liberdade, aos prisioneiros a abertura do cárcere" (Is 61,1).

*Existem últimos que serão os primeiros*

As parábolas de Jesus retomam freqüentemente essa antiga tradição; o filho pródigo ou a oração do fariseu e do publicano são exemplo disso. Alguns outros textos insistem fortemente nesse ensinamento sobre o serviço e sobre o que é realmente apreciado por Deus: "Mas o maior dentre vós tome o lugar do mais moço, e o que comanda, o lugar de quem serve" (Lc 22,26), "há últimos que serão primeiros e há primeiros que serão últimos" (Lc 13,30), "pois todo homem que se eleva será rebaixado, mas quem se rebaixa será elevado" (Lc 14,11).

Paulo também expressa a mesma coisa de modo extraordinário no hino que se encontra em Fl 2,6-11, em que descreve o paradoxo do poder de Deus na fraqueza da cruz: Cristo Jesus despoja-se de sua grandeza, assume a condição de escravo e humilha-se até a morte. Paulo atribuirá a essa atuação de Deus o valor de uma lei constante para os homens: "Mas o que é loucura no mundo, Deus o escolheu para confundir os sábios; o que é fraco no mundo, Deus o escolheu para confundir o que é forte; aquilo que no mundo é vil e desprezado, aquilo que não é, Deus o escolheu para reduzir a nada o que é" (1Cor 1,27-28).

Na Nova Aliança, a inversão de situações efetuada por Deus perdeu o caráter espetacular que tinha nos tempos do Êxodo. Trata-se, com freqüência, de fenômenos escondidos que só podem ser descobertos à luz da fé, e que encontram seu ponto culminante na Encarnação do Filho e em sua exaltação à direita do Pai. Pela ação do Espírito, esses abalos divinos efetuam-se sem violência, no fundo dos corações, mesmo que nem por isso deixem de ter uma forte repercussão na história.

Os pobres, bastante numerosos na comunidade primitiva, vivem uma condição econômica ligada a atitudes interiores. A pobreza inclui um aspecto de disponibilidade interior e de esperança em Deus (Maria, Simeão, Isabel e outros). O binômio orgulho-humildade alude a uma atitude de coração. Unida à humildade, a pobreza adquire um significado que a relaciona com as normas morais e com atitudes espirituais.

*Uma atualização para nosso tempo*

O Senhor continua agindo. Essa é uma boa notícia no presente e para o futuro. Ao estabelecer seu Reino, Cristo consola a partir daí o pobre e o aflito. Seus gestos históricos são sinais atuais e antecipações da plena vitória sobre o mal e sobre a pobreza. Além disso, a partir da promessa do Senhor, de que "aquele que crer em mim fará também as obras que eu faço; ele fará até obras maiores" (Jo 14,12), confiamos em que as obras maiores ainda serão realizadas no Espírito por meio dos que crêem. Essas obras são o milagre do amor fraterno, "com obras e em verdade" (1Jo 3,18).

O "Magnificat" é um chamado à ação. Interpretado e completado com outros textos do Novo Testamento, indica-nos um objetivo em nossa vida e força-nos a contemplar a história em uma perspectiva de fé. Na nova Lei de Cristo, o poder é substituído pelo serviço. As antigas categorias de poder perdem seu significado e ocorre um abalo na situação em favor dos que nada podem.

Temos, pois, de rechaçar uma interpretação exclusivamente espiritualista, que adoça os versículos 51-53, mas também uma interpretação exclusivamente secularizada, que transforma o "Magnificat" em um canto revolucionário. O cântico orienta-se para Deus, porém um Deus que, por sua vez, se orienta para os homens, um Deus que prefere os pobres e os oprimidos da terra.

---

### PARA PREPARAR O PRÓXIMO ENCONTRO

Na próxima reunião, trataremos da maternidade de Maria e o faremos lendo o texto de Lc 2,1-20. A seguinte pergunta nos servirá de guia:

*Que lugar ocupa Maria na cena do nascimento
e como vive o que está acontecendo?*

## NOTAS

## NOTAS

## 4. MARIA, MÃE DE DEUS

**QUAL O OBJETIVO DESTE ENCONTRO?**

Maria, a mulher que crê, abriu sua vida ao Mistério, deixou-se encher do Espírito Santo. Seu sim incondicional à vontade de Deus faz dela mãe de Jesus, o Salvador. Gera com ele um tempo novo. Neste encontro, queremos aprofundar-nos na maternidade de Maria à luz da passagem de são Lucas sobre o nascimento de Jesus.

Nossos objetivos fundamentais são três:
• Reler a passagem do evangelho de Lucas sobre o nascimento de Jesus e contemplar nela a experiência da maternidade de Maria.
• Conhecer o valor dos dogmas marianos no conjunto de nossa fé.
• Agradecer o dom da encarnação de Deus.

# ROTEIRO DE LEITURA

"**Ela deu à luz o seu filho primogênito.**"
Antes de começar, leia-se **Lc 2,1-20**

➢ **Ambientação**

No tema anterior, refletimos sobre o louvor de Maria e sobre a inversão das situações que Deus realiza na história. Ao abordar agora a maternidade de Maria, queremos deter-nos no significado desse título e nas implicações que tem para nossa vida de cristãos.

➢ **Consideramos nossa vida**

A maternidade de Maria não foi apenas física, mas desenvolveu-se no sentido mais completo, por sua entrega total e sua disponibilidade e cooperação sem reservas, porque Maria, antes do que em seu corpo, concebeu o Filho em seu coração. Sua singularidade provém de uma atitude interior de fidelidade consciente.

— *Que experiências tem você de paternidade e maternidade?*
— *Teve sentimentos de paternidade e maternidade para com algumas pessoas? Conte sua experiência.*

➢ **Escutamos a Palavra de Deus**

Para vir a este mundo, Deus escolheu a mediação de uma mulher. Quis ter uma mãe como todos nós.
• Para dispor-nos a escutar a Palavra de Deus, preparamos nosso coração com um momento de silêncio, invocando a presença do Espírito Santo.
• Proclamação da passagem Lc 2,1-20.
• Refletimos em silêncio, lendo de novo a passagem individualmente, com a ajuda das notas de nossa Bíblia.
• Respondemos em grupo às seguintes perguntas:
— *Em que circunstâncias ocorre o nascimento de Jesus?*
— *O que é que o anjo comunica aos pastores?*
— *Quais as diferentes reações surgidas nos personagens?*

➢ **Voltamos a considerar nossa vida**

Depois de ouvir atentamente o texto, indagamo-nos acerca do sentido profundo do nascimento de Jesus e da importância da maternidade de Maria. Se Jesus está situado no centro do tempo, de tal modo que podemos afirmar que existe um antes e um depois de Cristo, esse momento crucial da história deve ser valorizado em toda a sua densidade. Jesus nasceu de Maria e sem mãe tudo seria diferente.

— *O que significa para você que Maria é mãe da humanidade?*
— *Como continua Maria exercendo atualmente sua maternidade?*

➢ **Oramos**

Queremos reunir em forma de oração tudo o que nos foi sugerido pela leitura e pela meditação da passagem. A oração desdobra-se como um leque em sua multiplicidade de facetas: louvor, ação de graças, súplica, intercessão etc.
• Efetuamos uma nova leitura de Lc 2,1-20.
• Fazemos nossa oração pessoal com o coração cheio do que Deus, sua Palavra e a comunidade nos transmitiram.
• Em um momento de oração comunitária, expressamos o fruto de nossa oração pessoal.
• Concluímos com um vilancete que todos conheçam.

## EXPLICAÇÃO DA PASSAGEM

O relato que lemos (Lc 2,11-20) está inserido nos chamados *Evangelhos da Infância* (Lc 1-2), que vêm a ser uma espécie de abertura na qual se antecipam os grandes temas que serão desenvolvidos a seguir, ao longo de todo o evangelho.

Os primeiros versículos desse relato (Lc 2,1-5) descrevem as circunstâncias em que se deu o nascimento de Jesus. Em conseqüência de um edito de recenseamento ordenado pelo imperador romano Augusto, um cidadão da Galiléia chamado José teve de locomover-se com sua esposa, de Nazaré para Belém, por ser esta a cidade de seus antepassados. Do ponto de vista histórico, não existem documentos nos quais conste que Augusto houvesse ordenado um recenseamento de todos os habitantes do Império, nem de que estes necessitassem ir alistar-se em sua cidade de origem. Em compensação, temos notícia de alguns recenseamentos de população destinados aos habitantes de determinada província.

Na época em que Jesus nasceu, a Palestina fazia parte da província da Síria, governada por Quirino. A autoridade suprema do Império era Augusto. Em contrapartida, Lucas sugere por meio de sua narrativa que quem move os fios da história não é o poder do imperador, mas a vontade divina. Augusto é apenas um instrumento em suas mãos, alguém que, sem sabê-lo, está tornando possível que se cumpra com toda a exatidão o plano de Deus.

As circunstâncias muito mais modestas que acompanham o nascimento de Jesus contrastam com a suntuosidade e o prestígio do imperador, que era aclamado pelo Império inteiro como seu salvador. O reinado de Augusto (27 a.C. – 14 d.C.) foi considerado por muitos como uma época de paz. Lucas mostra que os acontecimentos verdadeiramente decisivos para a salvação não têm lugar em Roma, centro do poder imperial, mas em um lugar perdido e retirado do Império. O verdadeiro artífice da paz não é Augusto, mas uma criança pequenina nascida em Belém.

Belém, a cidade onde havia nascido o rei David, era então um povoado insignificante, situado a oito quilômetros de Jerusalém. A vinda de Jesus neste lugar tem ressonâncias muito especiais para os filhos de Israel, mas adquire também uma dimensão universal pelo fato de estar vinculado a um censo de população que implicava todos os súditos do imperador. A criança que vai nascer não será só o Messias dos judeus, mas também o Salvador de todos os homens.

O relato do nascimento propriamente dito ocupa apenas dois versículos (Lc 2,6-7). A respeito da criança, faz notar simplesmente que era o "primogênito" de sua mãe. Não se quer dizer com isso que a família tivesse mais filhos depois dele. O importante é lembrarmos que, por ser o primeiro, confere-se ao recém-nascido uma série de direitos fundamentais estabelecidos pela Lei de Moisés.

A expressão "envolveu-o em faixas" pode referir-se ao fato de enfaixar o menino segundo os usos da época. A frase descreve primorosamente a solicitude maternal de Maria e recorda-nos a condição humana de Jesus (Sb 7,3-5). Alguns intérpretes viram já aqui uma antecipação do sudário que cobrirá o corpo de Jesus em sua sepultura. Já afirmamos antes que, de um modo mais ou menos velado, os evangelhos da infância adiantam alguns dos temas fundamentais que irão desenvolver-se mais tarde. Com a frase "deitou-o em uma manjedoura", evoca-se o lugar onde ocorreu o nascimento: o estábulo ou lugar destinado aos animais. A razão está em que "não havia lugar para eles na sala dos hóspedes", ou seja, no lugar onde normalmente as pessoas se hospedam. Adianta-se com isso, de alguma forma, a rejeição que Jesus sofrerá por parte de seu próprio povo. Sobre a manjedoura de Belém, projeta-se já a sombra da cruz.

Depois da breve descrição do nascimento do menino, Lucas narra a manifestação ou anúncio público dessa "grande alegria" (Lc 2,8-12). Curiosamente, os primeiros a receberem o anúncio do nascimento do Messias não são as autoridades políticas ou religiosas do povo de Israel, mas os pastores. Lucas mostra, desse modo, que a mensagem da salvação tem destinatários privilegiados: os pobres e os humildes; os deserdados e os mais desprezados da sociedade; os esquecidos..., os últimos. Esse anúncio é proclamado por meio de uma aparição celeste na qual, com toda a naturalidade, dialogam os homens e os anjos. É a maneira de falar da Bíblia, que em muitos lugares serve-se de cenas desse tipo quando uma mensagem de Deus há de ser ouvida pelos seres humanos. O esquema é sempre o mesmo e os elementos repetem-se. À aparição dos anjos, sucede-se o medo dos pastores. A seguir, vem a mensagem celeste, que sempre inclui as palavras "não temais", e um sinal que atesta a veracidade do que se diz e tem a função de garantia de que o anunciado irá cumprir-se.

O anjo do Senhor, que personifica a majestade e o brilhantismo da presença de Deus, comunica uma boa notícia. Toda a cena está envolta em uma atmosfera de alegria. Uma alegria que deve ser comunicada e expandir-se, porque é "para todo o povo". Uma alegria que, na linguagem de Lucas, recorda-nos que está amanhecendo a nova era messiânica. A era da salvação. O núcleo da mensagem é simples. Segundo o plano de Deus, acaba de nascer um menino que será o Salvador da humanidade, o Messias, o Senhor. O restante do evangelho encarregar-se-á de mostrar o alcance real desses títulos, aplicados a Jesus desde o momento de seu nascimento.

Ao terminar o anúncio aos pastores, uma multidão do exército celeste une-se ao mensageiro, e todos em coro entoam um hino de louvor (Lc 2,13-14): "Glória a Deus no mais alto dos céus e sobre a terra paz para os seus bem-amados". Ao ouvir o coro celeste, o leitor sente-se convidado a proclamar a glória de Deus, porque o nascimento desse menino traz consigo uma grande efusão de paz sobre todos os prediletos do Senhor.

A mensagem celeste provoca uma série de reações em cadeia: primeiro a dos pastores (Lc 2,15-17), a seguir, a dos que ouvem o testemunho destes (Lc 2,18), e finalmente a de Maria (Lc 2,19).

Para comprovar a veracidade da mensagem, os pastores vão à toda pressa ver o que aconteceu e encontram o menino na manjedoura, acompanhado de Maria e de José. Eles são apresentados como exemplo de fé simples e aberta, porque crêem espontaneamente na mensagem que lhes é transmitida. A experiência dos pastores é comunicativa. À medida que se divulga o acontecido, vai-se propagando uma reação de surpresa e de maravilha entre os que ficam inteirados, por intermédio deles, de um fato tão extraordinário. Maria, em compensação, inclina-se sobre seu interior. Guarda suas experiências, meditando-as em seu espírito. Esforça-se por compreender o significado profundo do que viveu e do que os pastores lhe contaram. Ela também necessitou seu tempo para compreender a verdadeira identidade de seu filho. Sua atitude diante dos acontecimentos, sua meditação interior correspondem a sua personalidade de pessoa que crê e de escrava do Senhor. Ela pertence aos "que ouvem a palavra de Deus e a põem em prática" (Lc 8,21).

O episódio encerra-se com o regresso dos pastores. O silêncio da noite acaba sendo rompido por seus louvores. Neles ressoa um eco distante do cântico dos mensageiros. O que viram e ouviram corresponde ao que lhes haviam dito.

# PARA APROFUNDAR

## Maria em nossa fé

Existem cristãos que hoje fazem uso da palavra "dogma" com um pouco de receio, porque lhes soa a rigidez, a vida empalhada, a expressões que foram formuladas em outras épocas e que hoje não chegam a uma compreensão plena. Entretanto, se lançarmos um olhar a outros âmbitos da vida, acabaremos nos convencendo de que é uma necessidade e uma realidade humana o fixar em certas fórmulas os conhecimentos que vão sendo adquiridos. Como exemplo, encontramos em matemática fórmulas fixas, aceitas por todos, que requerem muito tempo de investigação e trabalho (por exemplo, o princípio de Arquimedes). Isso acontece também em outras ciências, nas leis, na filosofia, até no jogo. Graças a essas fórmulas, sintetizamos o saber e o assimilamos com mais facilidade. O mesmo ocorre na vida de fé. A Igreja, ao mesmo tempo em que vive sua fé, vai expressando-a em fórmulas doutrinais, denominadas dogmas, que são precisas e claras para as pessoas que vivem nessa época concreta. Ademais, é necessário crescer na compreensão dessas palavras e mensagens (DV, 8), para que as fórmulas não soem a vida empalhada e continuem manifestando a vitalidade dos que crêem em Jesus Cristo. Para expressar essa fé e crescer em sua compreensão, a Igreja conta com a ajuda imprescindível do Espírito Santo.

*O que é um dogma?*

A palavra "dogma" aplica-se hoje em dia às verdades definidas pelo Papa ou por um Concílio Ecumênico como pertencentes à fé da Igreja. Um dogma propõe em fórmulas fixas a fé de toda a Igreja, o sentir do Povo de Deus, para que se conserve a verdade revelada. De fato, a maioria dos dogmas surgiu para corrigir heresias, em tempos nos quais alguma verdade da doutrina cristã corria o risco de perder-se ou adulterar-se.

*Os dogmas marianos*

Nem todos os dogmas têm a mesma importância: alguns referem-se ao núcleo do ser cristão, e outros a verdades mais periféricas. É importante tomar isso em consideração ao falar dos dogmas marianos. Não se há de esquecer que nossa fé está centrada em Jesus Cristo e que Maria nos ajuda a compreender em profundidade o Mistério de Cristo. Essa realidade aparece em nossa forma de expressão: dizemos, por exemplo, que Jesus é Redentor e ela, Co-redentora, cooperadora na obra da Redenção levada a termo por seu Filho. Não obstante, não esquecemos sua singularidade e os privilégios únicos de Maria, porém tudo isso em conexão com Cristo e com a Igreja.

O primeiro dogma proclamado com relação a Maria foi o de sua maternidade divina. Foi declarado em Éfeso no ano 431, em uma época marcada por discussões e erros em torno de alguns aspectos da pessoa de Cristo: alguns negavam a divindade de Jesus, outros sua verdadeira humanidade, e outros ainda, a união de duas naturezas, a divina e a humana, em uma só pessoa, a de Jesus Cristo. Além do que, todos eles rechaçavam que Maria foi Mãe de Deus.

Foi então que se convocou um Concílio Ecumênico em Éfeso. Os participantes refletiram no que se dizia sobre o tema na Sagrada Escritura, estudaram o que haviam ensinado os Santos Padres da Igreja e reuniram o sentir do povo que invocava Maria como *Theotokos*, palavra grega que significa "Mãe de Deus". E juntamente com a verdadeira divindade e humanidade de Cristo, proclamaram Mãe de Deus a Santa Virgem Maria.

Com o correr do tempo, a Igreja quis acolher o louvor que o Povo de Deus tributava a Maria proclamando dois dogmas que têm sua base no destino irrepetível de sua maternidade. Esses dois dogmas são: a Imaculada Conceição, que defende como privilégio de Deus a plenitude de graça em Maria, formulado em 1854. O outro dogma é a Assunção de Maria, promulgado em 1950 e que proclama que ela, com toda a sua pessoa, goza da Vida junto a seu Filho.

O dogma da maternidade divina de Maria dá sentido e torna compreensível tudo o que a teologia afirma sobre ela. Se Maria é

Imaculada, foi para realizar melhor sua vocação de Mãe de Deus, em palavras do Concílio Vaticano II, "para abraçar de todo o coração e sem entorpecimento de pecado algum a vontade salvífica de Deus" (LG, 56). Se é Virgem, foi para consagrar-se "totalmente como escrava do Senhor à pessoa e à obra de seu Filho" (LG, 56). Se está glorificada, foi "com a finalidade de que se assemelhasse de forma mais plena a seu Filho, vencedor do pecado e da morte" (LG, 59).

Ela que, além de gerar Cristo, soube ser a primeira discípula e a escrava, é agora, desde os Céus, Rainha, Mãe, Modelo e Intercessora de toda a Igreja que está peregrinando à espera do momento em que Cristo será tudo em todos.

## PARA PREPARAR O PRÓXIMO ENCONTRO

No próximo encontro, vamos ler a cena da apresentação de Jesus ao Templo. Encontra-se em Lc 2,22-40. Teremos presente a seguinte pergunta:
*Quais são as características dos diversos personagens que participam?*

## NOTAS

# NOTAS

# 5. MARIA, ENTRE A LEI E O ESPÍRITO

## QUAL O OBJETIVO DESTE ENCONTRO?

Como vimos no tema anterior, Maria foi Mãe de Deus. Cheia de graça e do Espírito Santo, foi obediente à Lei de Deus.

Neste encontro, propomo-nos a:

- Contemplar a humildade obediente de Maria e sua atitude aberta diante da voz do Espírito que lhe fala por intermédio da voz de Simeão e de Ana.

- Compreender a relação existente entre o cumprimento da Lei de Deus e a força do Espírito Santo.

- Tomar consciência de que também no caminho de nossa vida cristã somos guiados pelo Espírito Santo, até mesmo nas situações mais "obscuras" e incompreensíveis.

# ROTEIRO DE LEITURA

"Como está escrito na lei do Senhor."

Antes de começar, leia-se **Lc 2,22-40**

➢ **Ambientação**

A primeira grande manifestação de Jesus é, segundo o evangelho de Lucas, seu nascimento de Maria Virgem. Entretanto, só alguns humildes pastores vão render-lhe homenagem e comprovam ser verdadeiro o anúncio que lhes havia feito o anjo. Da boca dessas pessoas humildes, brota a glorificação e o louvor a Deus.

Nesse episódio da purificação de Maria e da apresentação de Jesus ao Templo também há humildade, mensagem divina e louvor a Deus. Humildade nos protagonistas da história: Maria e José cumprem os preceitos da Lei, mesmo parecendo que estejam isentos de fazê-lo, e fazem-no com a oferenda própria dos pobres: um par de rolas ou dois pombinhos; Simeão e Ana são dois anciãos sem renome, porém movidos pelo Espírito Santo. A mensagem divina e o louvor a Deus aparecem na boca de Simeão e, indiretamente, na de Ana.

Nesse texto, a relação entre a Lei e o Espírito Santo não é negativa. Será necessário buscar a maneira com que ambas as realidades se harmonizem também em nossa vida cristã.

➢ **Consideramos nossa vida**

A vida está cheia de leis e preceitos de todo tipo (código de trânsito, leis tributárias, Constituição, código penal...). Também Deus, por meio da Igreja, nos dá algumas normas de conduta e alguns preceitos legais.

— *Acreditamos que as leis sirvam para alguma coisa? Para quê?*
— *Como reagimos diante das normas?*

➢ **Escutamos a Palavra de Deus**

É possível que tenhamos descoberto que as normas (humanas e divinas) têm um valor, mesmo que nem sempre nos pareça evidente. A obediência não é fácil. Pode ser que nos limitemos a cumprir, sem objeções, ou que tentemos recusar a obediência àqueles preceitos que nos causam aborrecimento.

Seja como for, a passagem que vamos proclamar a seguir mostra-nos como é possível, à imitação de Maria, harmonizar perfeitamente obediência e liberdade no Espírito Santo.

• Preparemos nosso coração com alguns momentos de silêncio para receber a semente da Palavra de Deus.

• Um membro do grupo lê Lc 2,22-40 em voz alta e pausadamente.

• A seguir, cada qual relê o texto individualmente, consultando as notas de sua Bíblia e refletindo sobre o que foi lido.

• Logo após, todo o grupo procura responder a estas perguntas:
— O pequenino "sim" de Maria insere-se em uma história muito grandiosa: a da salvação para toda a Humanidade. *Em que parte do texto é sugerida essa idéia?*
— Maria obedece à Lei de Deus e o faz movida pelo Espírito Santo, mas não é a única. *Que outros personagens do texto compartilham com ela essa atitude?*
— *O que anuncia Simeão a Maria? O que quer dizer?*

➢ **Voltamos a considerar nossa vida**

O "sim" de Maria não foi pronunciado só na Anunciação. Maria disse "sim" continuamente. Cheia como estava do Espírito Santo, percebia a presença de Deus em todas as coisas. Esse Espírito guiava-a em seu caminho de fé, para ajudá-la a descobrir a vontade de Deus em cada momento. A Lei de Moisés era expressão dessa vontade divina e era inspirada pelo mesmo Espírito pelo qual Maria era movida e que suscitou as palavras de Simeão e Ana. Em face dessa humilde abertura de Maria diante de Deus, voltemos a refletir sobre nossa vida:

— *Somos mais movidos pelo Espírito ou pelo puro espírito da Lei?*
— *De que modo as normas da Igreja nos ajudam a viver nossa fé?*
— *Nesse sentido, que atitudes podemos aprender de Maria?*

> **Oramos**

Maria foi ao Templo para cumprir a vontade de Deus; mas não necessitava estar no Templo para ter consciência da presença divina. Deus também está aqui, no meio de nós, e nos fala. Tomemos consciência disso em alguns momentos de silêncio.
* Lemos novamente Lc 2,22-40.
* Durante alguns momentos de oração pessoal, pedimos ao Senhor que nos ajude a compreender cada vez melhor sua Palavra, para vivê-la com maior coerência.
* Expressamos nossa oração em voz alta, para que os demais membros do grupo unam-se a ela.
* Concluímos rezando juntos o Salmo 19 (18),8ss: "A Lei do Senhor é perfeita, ela dá a vida."

## EXPLICAÇÃO DA PASSAGEM

O contexto imediato de Lc 2,22-40 é constituído pelos relatos (ou "evangelho") da infância (Lc 1,5-2,50). Tais relatos apresentam em paralelo vários quadros relativos a João Batista e a Jesus: anúncio do nascimento de João e anúncio do nascimento de Jesus; encontro de Maria com Isabel seguido do nascimento de João Batista e nascimento de Jesus seguido pelo encontro de Maria com Simeão. A passagem de Lc 2,41-52 fica "solta", anunciando a realidade profunda do mistério de Jesus e a ignorância e obscuridade em que Maria e José vivem sua fé.

A passagem de Lc 2,22-40 é marcada pelo contraste entre Lei e Espírito. A menção da "Lei" aparece no começo (Lc 2,22-24), no meio (Lc 2,27) e no final (Lc 2,39). No total, cinco vezes, sempre em relação a Maria, José e Jesus. Por outro lado, faz-se referência ao Espírito Santo em três ocasiões, até a metade da passagem (Lc 2,25-27). Sempre com referência a Simeão.

O paradoxal está no fato que a Lei a que Maria se submete é a do Antigo Testamento, ao passo que o povo de Israel, representado por Simeão, brilha com o resplendor do Espírito Santo, próprio do Novo Testamento. O velho e o novo entrelaçam-se intimamente: nem a Lei é inútil no Novo Testamento, nem o Espírito estava ausente no Antigo.

No evangelho de Lucas, em seu conjunto, nem a Lei nem o Espírito aparecem muito explicitamente. Porém, constituem sempre menções-chave. A importância do tema da Lei e do Espírito prolongam-se, em Lucas, na segunda parte de sua obra, que são os Atos dos Apóstolos. Nela, o Espírito é dom divino que tem de ser esperado (At 1,4-8), protagonista do nascimento da Igreja (At 2,1-41) e de sua expansão até os confins da terra (At 1,8; 4,8; 8,15.39; 10,44-45; 13,9; 16,6). A Lei de Moisés perde valor como conjunto de normas rituais e obras humanas que não podem obter a salvação (At 13,38-39; 15), mas o mantém enquanto dá testemunho em favor de Jesus (At 24,14; 28,23).

Na passagem abrangida em Lc 2,22-40, a Lei e o Espírito vinculam-se de maneira especialmente significativa em Lc 2,27: nela os pais de Jesus, que vão cumprir o que manda a Lei, encontram-se com Simeão, o Novo com o Antigo; e Jesus passa dos braços de Maria para os de Simeão, que prorrompe em louvores a Deus. Tais louvores constituem um hino suscitado pelo Espírito (veja-se: Para aprofundar).

Maria ouviu já mensagens divinas pronunciadas por diferentes personagens do evangelho de Lucas. O anjo Gabriel anunciou-lhe que o menino seria grande, teria o título de Filho do Altíssimo, receberia o trono de David e reinaria sobre a casa de Jacó para sempre (Lc 1,32-33). Isabel, cheia do Espírito Santo, chama-o "meu Senhor" (Lc 1,43). O anjo que avisou os pastores chamou-o "um Salvador, que é o Cristo Senhor" (Lc 2,11). E Maria "retinha todos esses acontecimentos, procurando-lhes o sentido" (Lc 2,19).

O hino de Simeão anuncia-lhe agora, da parte do Espírito Santo, algo mais: os confins da esperança judia saltam pelos ares, porque a salvação que esse menino traz é universal ("salvação que preparaste em face de todos os povos: luz para a revelação aos pagãos", Lc 2,31-32). Porém sem perder as raízes judaicas ("e glória de Israel, teu povo", Lc 2,32; cf. Lc 2,38: "libertação de Jerusalém").

Maria sintetiza em sua pessoa os dois grandes temas da passagem: cumpre a Lei e está cheia do Espírito. E ambas as coisas não se excluem nem são realidades separadas. Maria é capaz de cumprir a Lei porque está cheia do Espírito Santo. A Lei inteira não são simples preceitos rituais, mas os dois grandes mandamentos dos quais tudo depende: o amor a Deus sobre todas as coisas e ao próximo como a si mesmo (Lc 10,27). Para cumprir a Lei por inteiro, estava faltando um coração novo (Jr 31; Ez 36), que só o Espírito Santo podia criar. E Maria possuía esse coração (Lc 1,28). Ela reúne a esperança de Israel, cumprindo-a já em sua própria pessoa: é uma criatura nova, salva, que vive uma atitude nova diante de Deus. Por outro lado, a "obediência no Espírito Santo" praticada por Maria não é um ato isolado, mas abrange seu passado, seu presente e seu futuro. De fato, sua vida foi um processo de contínua espera do Espírito: no começo de Lucas, abre-se ao Espírito de Deus na anunciação e na encarnação (Lc 1,26-38); em Atos, reza aguardando sua vinda em vésperas de Pentecostes (At 1,14).

Simeão transmite a Maria uma mensagem mais pessoal (Lc 2,34-35), que parece o reverso do panorama glorioso expresso no hino: Jesus será bandeira discutida, gerador de discórdia, espada que divide e que julga. E ela ver-se-á trespassada dolorosamente pela espada do julgamento realizado no sofrimento do Filho. No Novo Testamento repete-se com freqüência que a obediência a Deus e o sofrimento por sua causa estão sempre unidos (por exemplo, Mt 5,11). Porém, mais no fundo, trata-se de uma constante do caminho da fé: já Abraão teve de passar pela obscuridade e pela prova para tornar sua fé digna de crédito (Gn 22); também Maria, modelos dos que crêem, experimentará essa obscuridade na qual só brilhará a luz do Espírito, a fé, sua única guia para a luz definitiva.

## PARA APROFUNDAR

### Os hinos e a esperança messiânica em Israel

*Hinos judaicos e cristãos*

Os hinos são composições poéticas, geralmente de louvor, animadas pelo entusiasmo ou pelo júbilo diante das grandezas de Deus ou de suas ações em favor dos homens. Freqüentemente eram cantados e, às vezes, com acompanhamento musical.

Os primeiros cristãos aprenderam do judaísmo o uso de salmos e cânticos religiosos, que eram utilizados tanto no culto público quanto no privado. A tradição judaica não se limitou aos Salmos e Cânticos bíblicos, mas produziu incessantemente composições novas, tais como os Salmos de Salomão e os Salmos de ação de graças de Qumran. Nessa tradição situam-se também Rm 3,13-18, o hino do Ap 15,3-4 e os Salmos do judeu-cristianismo palestino conservados em Lc 1-2: o "Magnificat" (Lc 1,46-55), o "Benedictus" (Lc 1,68-79), o "Gloria in excelsis" (Lc 2,14) e o "Nunc dimittis" (Lc 2,29-32).

Os Salmos do Antigo Testamento eram utilizados pelos judeus nas grandes festas e em suas devoções particulares. Jesus também os empregou (Mc 14,26; Mt 26,30: referência aos Salmos 113-118). A Igreja, seguindo o exemplo de Jesus, adotou os Salmos com fins cultuais, entendendo-os, porém, principalmente como profecias nas quais se anunciava a vinda do messias.

*O sentido religioso dos hinos*

A raiz do hino é uma emoção religiosa irreprimível, que se manifesta em forma de canto poético. Uma vez composto, o hino serve de base e de estímulo para o sentimento religioso de todo aquele que o recitar. Entre a variedade de sentimentos religiosos que recebem forma hínica na Bíblia (ação de graças, louvor...), destaca-se a esperança de salvação. Tal esperança assume, em muitos casos, um tom messiânico: espera-se que a salvação de Deus chegue por meio de um messias, um salvador.

Com essa esperança no coração, os judeus liam piedosamente os Salmos e Cânticos do Antigo Testamento. É essa a esperança que Simeão vê cumprida no menino que tem nos braços (Lc 2,28-32), em Jesus, o Cristo (termo grego equivalente ao hebraico "messias", ou seja, "ungido").

*A esperança messiânica dos hinos cristãos*

É facilmente compreensível que os hinos que expressavam a esperança messiânica do Antigo Testamento tivessem uma dimensão de futuro: o messias ainda estava para vir. Pode-se, entretanto, falar de esperança messiânica nos hinos cristãos?

Sim. Em dois sentidos. Em primeiro lugar, os hinos cristãos cantam a esperança messiânica que se cumpriu em Jesus (o "Cântico de Simeão", ou "Nunc dimittis", é um exemplo claro disso). Nesse sentido, voltam-se para o passado. Em segundo lugar, indicam que a esperança messiânica do Antigo Testamento começou a cumprir-se em Jesus, porém ainda caminha para sua plenitude, que chegará no final da História. Nesse sentido, olham para o futuro. Encontram-se exemplos notáveis no livro do Apocalipse (Ap 4,8.11; 19,1-2.6-8, entre outros).

*Os hinos bíblicos como expressão de nossa esperança*

Também nós cantamos a realização da esperança messiânica em Jesus. É ele que faz presente em nosso meio a salvação de Deus. Todavia, sabemos ao mesmo tempo que essa salvação ainda não atingiu sua plenitude. Ainda existe pecado, dor e morte fora e dentro de nós. O reinado de Deus ainda não chegou de maneira cabal. Por isso, continuamos pedindo: "faze com que venha o teu Reinado" e "faze com que se realize a tua vontade, na terra, à imagem do céu" (Mt 6,10).

O fato de ter nascido depois de Jesus não supõe que já não exista nada a esperar. A história de salvação há de se cumprir em cada um de nós: a passagem da escuridão do pecado e da morte para a luz da vida e da ressurreição. No entanto, ocorre com freqüência que treva e luz encontram-se simultaneamente em nós. "Viemos" do pecado e da morte, "vamos" para a vida e para a ressurreição. Temos já, como penhor, o Espírito Santo, que é dador dessa vida nova; mas caminhamos na esperança. Por essa razão, os hinos bíblicos que expressam uma esperança de salvação futura são adequados também para nós.

Um cristão sem esperança não é cristão. Ainda não chegamos a nosso destino. Somos peregrinos, a caminho para nossa pátria definitiva. E, ao caminhar, cantamos nossa esperança...

Empenhamo-nos nos cantos de nossas celebrações, como expressão e estímulo de nossa fé? Avivamos nossa esperança de salvação mesmo em meio às dificuldades, em um mundo que está perdendo a esperança? Temos consciência de nossa responsabilidade de dar ao mundo razão de nossa esperança?

## PARA PREPARAR O PRÓXIMO ENCONTRO

Em nossa próxima reunião, iremos concentrar-nos no texto de Lc 2,41-52: Maria perde Jesus e encontra-o no Templo. Para preparar o encontro, leia esses versículos e faça uma reflexão sobre eles, tomando como ponto de apoio as seguintes perguntas:

*Como reage Maria ao perder Jesus?*
*E ao encontrá-lo?*

## NOTAS

## NOTAS

# 6. MARIA APRENDE A AMADURECER COMO DISCÍPULA DE SEU FILHO

**QUAL O OBJETIVO DESTE ENCONTRO?**

Na sessão anterior, vimos Maria que se encontra estribada entre a obediência à Lei e a novidade suscitada pelo Espírito. Neste encontro, iremos observá-la, tal como nós, peregrina na fé.

Os objetivos pretendidos são os seguintes:
• Descobrir o que representa para Maria o fato de que Jesus começa a exercer sua autonomia.
• Tomar ciência de que Maria também cresceu como discípula de Jesus.
• Conscientizar-nos da necessidade de amadurecer como pessoas que crêem.

## ROTEIRO DE LEITURA

"Eles não compreenderam o que lhes dizia."
Antes de iniciar, leia-se **Lc 2,41-52**

➢ **Ambientação**

Maria teve de ir crescendo na fé ao longo de sua vida. Como a nossa, a sua foi uma fé que ignorava o futuro, uma fé que não compreendia muitas das coisas que estavam acontecendo em sua vida, na de seu Filho e na de seu povo. Mas foi também uma fé exemplar por sua confiança sem limites, por sua acolhida, reflexão e meditação, em seu íntimo, daquilo que não compreendia.

Vamos aproximar-nos dela para descobrir que a experiência de Deus e o amadurecimento na fé são progressivos e implicam uma confiança sem limites.

➢ **Consideramos nossa vida**

Talvez nunca, como em nosso tempo, se tenha falado e levado tanto em conta os problemas educativos dos adolescentes e dos jovens. De muitas e variadas formas são-nos oferecidos dados relativos aos problemas que determinadas idades podem revelar. Existe, porém, um momento que é crucial: aquele em que o adolescente decide tomar conta de sua própria vida, tornando-se independente de seus pais, cortando o segundo "cordão umbilical", que é muito mais difícil que o primeiro. Quero ser eu mesmo e começo a me perguntar o que faço com minha vida: profissão, estado civil (casar, manter o celibato ou permanecer solteiro...), onde fundamentar minha existência...

— *Em que percebo que mudei como pessoa, desde pequeno?*
— *O que sinto interiormente quando os filhos, ao crescerem, querem "ser eles mesmos"?*

➢ **Escutamos a Palavra de Deus**

Segundo Lucas, Jesus pronunciou suas primeiras palavras em público em sua juventude.

Maria nem sempre compreendeu as palavras nem as decisões de seu Filho, mas aceitou as prioridades que Jesus começava a deixar claras.
• Fazemos silêncio em nosso interior para escutar a Palavra de Deus e perceber o que nos quer dizer hoje.
• Um dos membros do grupo proclama a passagem de Jesus no Templo: Lc 2,41-52.
• Fazemos a releitura individual do texto, consultando as notas da Bíblia.
• Finalmente, todos juntos, procuramos responder às seguintes perguntas:
— *De que fala Jesus no Templo? Maria entende Jesus? Por quê?*
— *Como expressa o texto a falta de compreensão de Maria e de José? Fixe sua atenção nos versículos 48 e 50.*
— *Como reage Maria diante do que não compreende?*

➢ **Voltamos a considerar nossa vida**

A fé reflexiva de Maria, que guarda em seu coração o que não compreende, convida-nos a voltar-nos para os acontecimentos de nossa vida a fim de, a partir deles, ir amadurecendo nossa fé.
— *De que modo as experiências de sua vida influíram na imagem que tem de Deus?*
— *Acontece-nos alguma vez, como sucedeu a Maria, não entender as palavras de Jesus? Como reagimos, quando não as entendemos?*

➢ **Oramos**

Como Maria e José, nem sempre entendemos a mensagem que Jesus nos dá. É na oração silenciosa, na oração que brota do coração, que o amor do Pai nos fará compreender, encontrar Jesus, descobrir suas prioridades com relação a nosso viver.
• Fazemos um breve momento de silêncio, para situar-nos em nosso coração.
• Tornamos a proclamar Lc 2,41-52.
• Cada qual ora em seu interior, a partir do que a passagem ou a reflexão do grupo sugeriu. Podemos dar graças a Deus porque

nos interpela e nos faz sair da rotina, ou porque, com muita paciência, vai nos tornando seus discípulos, como Maria.
- Expressamos nossa oração em voz alta.
- Concluímos recitando ou cantando o Pai-nosso, fazendo alguns momentos de silêncio para reflexão no "seja feita a vossa vontade".

## EXPLICAÇÃO DA PASSAGEM

Nossa piedade popular, ao contemplar os mistérios do Rosário, conhece essa passagem como "O Menino Jesus, perdido e encontrado no Templo". A passagem encontra-se na primeira parte do evangelho de Lucas, na seção dedicada ao evangelho da infância (Lc 1,5-2,52).

O texto que vamos comentar é um texto peculiar. De um lado, não é narrado senão pelo evangelista Lucas. De outro lado, trata-se de uma etapa da vida de Jesus e de seus pais que, aparentemente, não é significativa.

Humanamente, tomamos conhecimento do momento em que Jesus, já adolescente, começa a expressar sua autonomia, sua primeira tentativa de tornar-se independente de seus pais. A ocasião lhe é oferecida pela Lei de Israel, segundo a qual os jovens judeus que houvessem atingido a idade da puberdade teriam de ir a Jerusalém três vezes ao ano (Ex 23,14-17). Lá Jesus, durante a Páscoa e no Templo, fala do Pai e de sua filiação. O mesmo texto nos adverte que, após o que aconteceu nessa cena, Jesus continuou submisso a seus pais. Essa autonomia é necessária para que Jesus, como qualquer um de nós, possa começar a tomar as rédeas da própria vida. Começa então a construir um mundo próprio, a partir de sua autonomia. A Graça o levará a poder estabelecer uma relação adulta com Deus a ponto de reconhecê-lo, já aqui, como seu Pai ("Jesus progredia em sabedoria e em estatura, e em graça diante de Deus e dos homens", Lc 2,52).

Lucas nos oferece essa passagem da vida adolescente de Jesus. No momento em que começa a ser adulto, não só descobre Deus como seu Pai, mas, além disso, está já delineando seu projeto de vida: ocupar-se dos assuntos de Deus. Essa perspectiva é muito positiva para os catecúmenos que se preparam para o batismo. Esse é o marco no qual Lucas escreve seu evangelho.

E a base humana de Jesus é a que permite descobrir certos avanços na revelação do próprio Jesus e de Maria.

• Jesus começa a manifestar-se como um mestre capaz de estar em meio aos mestres que se ocupam do estudo e da interpretação da vontade de Deus (a Lei era, para os judeus, a expressão da vontade de Deus). Jesus começa já então a fazer interpretações surpreendentes dessa vontade de Deus ("Todos os que o ouviam se extasiavam com a inteligência das suas respostas").

• Sua própria mãe questiona sobre bons costumes. Para Maria, não é suficiente ir todos os anos a Jerusalém para celebrar a Páscoa: deve propor a si mesma quais são os assuntos do Pai de seu Filho que é o próprio Deus, segundo expressão de Jesus. Que Maria chegue a descobrir os assuntos do Pai de Jesus, de Deus, é uma questão que Lucas deixa sem resolver até Pentecostes. Revelar a autêntica identidade de Jesus como filho de Deus será obra do Espírito Santo que receberão nesse momento.

Por ora, a única coisa que resta a Maria, primeira discípula, é aceitar que não entende nada desse menino. O que está vendo deixa-a perplexa, mas ela se fia e confia. O fato de guardar essas coisas em seu coração irá levá-la a amadurecer seu processo de fé como o de qualquer discípulo de Jesus que somos nós.

## PARA APROFUNDAR

### Os evangelhos da infância

*O que são?*

Os relatos da infância de Jesus (Mt 1-2 e Lc 1-2) pertencem a um momento tardio da tradição evangélica, quando os cristãos foram tomados de interesse por conhecer as origens de Jesus: quem são seus antepassados? Onde nasceu? O Messias esperado apresentou-se como Filho de Deus. Como pôde ter acontecido isso? Servindo-se de diversos recursos literários, os evangelistas compõem esses relatos para o fortalecimento da fé dos primeiros cristãos e, agora, da nossa. Ademais, os evangelhos da infância são como a abertura de uma peça musical: neles são executados os temas que irão desenvolver-se mais tarde, no restante do evangelho.

A expressão "evangelhos da infância" não quer dizer que existam outros evangelhos diferentes dos que conhecemos, de Mateus, Marcos, Lucas e João. Ao denominá-los assim, referimo-nos aos episódios que Mateus e Lucas dedicam em seus próprios evangelhos para nos oferecerem alguns elementos que acreditaram importantes para a fé das comunidades cristãs e que tinham como ponto de referência a época da infância de Jesus. Os dois evangelistas servem-se de algumas formas muito bem definidas para escrever esses relatos da infância de Jesus e oferecem apenas aqueles que puderam ajudar os cristãos a descobrir quem é Jesus.

*O relato de Mateus*

Mateus escreve seu evangelho para cristãos que antes pertenciam à religião judaica. Por essa razão, tem muito interesse em mostrar que Jesus é o Messias esperado desde Abraão. Assim sendo, a origem de Jesus está ligada com quem era para os judeus seu maior antepassado.

Intercalando entre os antepassados de Jesus quatro mulheres estrangeiras (Tamar, Rahab, Rute e Bat-Sheba), de reputação pouco clara, está indicando que os pagãos e pecadores têm seu lugar nos planos de Deus.

Mateus dá muita importância à figura de José, uma vez que os cristãos aos quais dirige seu evangelho são, em sua maioria, de origem judaica. E José significa a ligação de Jesus com toda a história de salvação iniciada no Antigo Testamento.

Ao afirmar que Maria gera Jesus de forma misteriosa, virginal, do Espírito Santo, que, porém, estava desposada com José, estabelece a relação entre Jesus e o Messias esperado como descendente de David.

O relato da adoração dos magos do Oriente tem como finalidade reforçar uma idéia difícil de ser admitida pelos cristãos de procedência judaica: Herodes e as pessoas importantes de Jerusalém rechaçam Jesus; os magos do Oriente, pagãos, reconhecem-no como Messias.

*O relato de Lucas*

Lucas, nos capítulos 1-2 de seu evangelho, apresenta relatos da origem, nascimento e primeiros anos de Jesus e de Maria. É de se enfatizar, no relato de Lucas, a comparação que estabelece entre as figuras de João Batista e Jesus: anúncio de seus nascimentos, narrativa deles, encontro das duas mães...

Para Lucas, Maria tem mais relevância do que para Mateus, porque escreve para comunidades que necessitam consolidar seu processo de fé em um ambiente mais pagão, menos judeu, e influenciado por maneiras de pensar diferentes, mais ou menos como acontece hoje. Maria é a Mãe do Filho de Deus, motivo pelo qual ressalta mais a humanidade de Jesus Cristo e, acima de tudo, o processo de fé de Maria que está estreitamente unido à vida e missão de Jesus Cristo; escuta a Palavra, acolhe-a gerando o Messias em seu corpo (diante de quem pensava que o Salvador era um ser celeste, mas não humano), alegra-se pelas maravilhas que Deus realizou ao longo da história do povo de Israel, muda a ordem das coisas tal qual acontece neste mundo ("precipitou os poderosos de seus tronos e exaltou os humildes"), uma dor profunda a atravessará (a noite obscura da fé que terá de passar no Calvário), não entende o que se passa, mas confia e é dócil à Palavra de Deus.

E assim, Maria aparece, em Lucas, como o tipo/modelo de quem empreende o caminho da fé e do seguimento de Jesus e a ele nos remete permanentemente.

## PARA PREPARAR O PRÓXIMO ENCONTRO

A fim de continuar descobrindo a figura de Maria, na próxima reunião a veremos em um pequenino povoado da Galiléia, Caná, convidada com seu Filho para umas núpcias. Para isso, vamos ler Jo 2,1-11. É importante que, após a leitura dessa passagem, seja anotado em um papel *o que Maria diz a Jesus* e *o que Jesus diz a Maria*.

## NOTAS

# 7. MARIA ABRE-NOS À CONFIANÇA E À OBEDIÊNCIA

## QUAL O OBJETIVO DESTE ENCONTRO?

A sessão anterior apresentava-nos Maria diante de um Jesus adolescente; ela não termina de compreender e empreende um processo de purificação interior que a acompanhará por toda a sua vida. Na de hoje, Maria e seu filho assistem a umas núpcias. O ministério público de Jesus já começou e seus discípulos o acompanham.

No encontro de hoje, pretendemos:
- Aprofundar lentamente toda a riqueza simbólica, religiosa e espiritual da passagem das núpcias de Caná.
- Descobrir o papel de Maria, que convida os ouvintes a obedecerem a Jesus.
- Abrir-nos à confiança e à obediência como atitudes fundamentais em nosso processo de crença.

# ROTEIRO DE LEITURA

"Fazei tudo o que ele vos disser."
Antes de começar, leia-se **Jo 2,1-11**

> **Ambientação**

Ao confessarmos Jesus Cristo como Senhor, declaramos querer que seja ele quem dirige nossa vida. O seguimento de Jesus é difícil, porque supõe o esvaziamento de nossas aspirações, de nossos desejos, de nossos planos, deixando que ele vá apontando o caminho. Supõe também deixar atrás o mundo da observância das leis antigas que impedem o espírito de entrar na novidade do bom vinho trazido por Jesus Cristo.

Diante do desejo de fazer o que eu quero e o que eu acredito ser o melhor para mim ou para meus planos, aparece com força a figura de Jesus que vem inaugurar uma nova relação com Deus e com os homens. Uma novidade que pede confiança, que pede obediência, que pede deixar-se levar por aquele que nos convidou a seguir seu caminho.

> **Consideramos nossa vida**

Não é fácil fiar-se em outra pessoa. Freqüentemente temos tido experiências negativas ou nos chamaram a atenção por sermos demasiado ingênuos ou crédulos. Não obstante, a atitude da confiança faz parte dos valores fundamentais da pessoa. A falta de confiança faz com que cresçam os temores, a insegurança, o instinto de defesa, até a agressividade. A confiança, ao contrário, possibilita o diálogo, a amizade, a colaboração fecunda, a alegria da festa.

— *Aconteceu alguma vez de você confiar em alguém e depois mudar de atitude?*

— *O que costuma detê-lo ou impedir que confie em outra pessoa?*

— *Mencione situações em que confia em alguém. Em quem confia? Por que confia?*

➢ **Escutamos a Palavra de Deus**

A Palavra de Deus é atual e direta. É dirigida a cada um de nós e ilumina os diferentes aspectos que conformam nossa vida com uma força e uma novidade surpreendentes, a força e a novidade do mesmo Deus.

• Antes de escutar a Palavra de Deus, fazemos um momento de silêncio para preparar-nos interiormente.
• Proclamação de Jo 2,1-11.
• Silêncio. Lê-se de novo, individualmente, a passagem, consultando as notas de nossas Bíblias.
• Procuramos responder juntos a estas perguntas:
— *Fixe sua atenção nos detalhes da passagem que lemos: dia em que acontece, como se chama sua mãe, as talhas etc.*
— *Quais são as palavras de Jesus? A quem se dirige?*
— *Qual é a atitude dos serventes? E a do mordomo?*
— *Como reagem os discípulos?*

➢ **Voltamos a considerar nossa vida**

Refletimos sobre a necessidade de sentir confiança em nossa vida como atitude fundamental, e descobrimos Maria como a mulher que diz hoje, para nós, "fazei tudo o que ele vos disser". Olhemos agora para nosso interior, para averiguar onde estamos, como vivemos a atitude da confiança e da obediência ao plano de Deus em nossa vida de crença. Para amar a Deus, precisamos fiar-nos nele; para confessar Cristo como Senhor, precisamos senti-lo presente e vivo em nossa vida.

— *Quem conduz sua vida? Você e suas normas, ou deixa que ela seja guiada por Cristo?*
— *Você se fia em Jesus Cristo e em seu poder para tornar tudo novo?*

— *Vê em Maria a mulher que mostra Jesus e o convida a seguir somente a ele?*

➢ **Oramos**

Fazemos com que seja o Espírito de Deus quem fala em nós. Guardamos silêncio para que sua palavra ressoe em nossos corações e nossa oração brote espontânea de nosso coração.
* Tornamos a ler Jo 2,1-11.
* Depois de alguns momentos de oração pessoal, cada qual vai dizendo espontaneamente frases similares a esta: "Nos momentos de... (alegria, angústia, dor etc.)" e todos respondem: "Confio em vós, Senhor".

Se alguém preferir, poderá expressar em forma de poema ou de salmo sua oração, na qual fiquem evidenciados seus motivos de confiança em Deus.
* Pode-se concluir cantando: "Oh! meu Deus, confio em ti" (Diante de ti, Senhor, minha alma levantarei); ou também "Confiai sempre em Deus".

## EXPLICAÇÃO DA PASSAGEM

Na primeira parte de seu evangelho, João relata sete sinais realizados por Jesus, o que permite que essa parte seja conhecida como "Livro dos sinais" (Jo 2-12). Este evangelista dá o nome de "sinais" aos milagres; o nome indica que são ações simbólicas, setas indicadoras que nos convidam a ir além do episódio concreto. Em um primeiro momento, João quer demonstrar que as realidades antigas foram substituídas ou sucedidas por outras novas que são as que verdadeiramente purificam, salvam, curam o homem, em face da incapacidade das antigas, às quais se aferra o povo judeu.

O relato das núpcias de Caná é uma passagem riquíssima em detalhes e profunda em sua significação. Por isso, vamos acompanhar muito lentamente, sem pressa, detendo-nos nas expressões que considerarmos necessárias para a compreensão do texto.

*No terceiro dia, houve núpcias em Caná da Galiléia (Jo 2,1)*

Tem alguma importância o dia em que acontece essa celebração? Intuímos duas possibilidades. Pode aludir ao dia terceiro, dia da plenitude, da consumação, conforme o sentido dessa indicação nos anúncios da Paixão (cf. Mc 8,31; 9,31; 10,34). Referir-se-ia ao tempo da vitória definitiva de Deus e da plenitude humana. Nesse caso, as núpcias seriam uma antecipação da Páscoa. A segunda possibilidade de interpretação leva-nos a somar esse "terceiro dia" aos três já mencionados por João (cf. Jo 1,29.35.43). Se os somarmos ao primeiro dia (que não se menciona), dá o número sete (um, mais três, mais três). O sete nos recorda o dia de descanso de Deus, dia do auge da criação. Quer nos inclinemos por uma interpretação como pela outra, fica claro que o texto nos fala de um tempo novo, no qual Cristo mudou a água das purificações rituais dos judeus pelo vinho novo da nova vida alegre em Deus.

O acontecimento que enquadra essa atuação de Jesus é o das núpcias. Não nos são informados os nomes dos noivos ou detalhes de por que haviam sido convidados, pois carecem de importância. As núpcias representam a antiga aliança de Deus com seu povo Israel. São relações esponsais, de amor mútuo, de promessa de fidelidade e de paixão, não isentas de momentos de dúvida e infidelidade por parte do povo. É uma imagem muito conhecida nos livros sagrados do povo judeu. Neste simbolismo de núpcias, Antiga Aliança, Maria personifica os israelitas que conservaram a fidelidade a Deus e a esperança em suas promessas. A mãe de Jesus é, conseqüentemente, a figura feminina que corresponde à masculina de Natanael, o verdadeiro israelita (Jo 1,47).

*Eles não têm vinho*

Maria não é apenas a mulher observadora que percebe uma carência material, mas que também toma consciência da nova situação que se abre a seus olhos. Muito mais além de uma simples observação de sensibilidade e prudência, Maria dá ensejo a que se inaugurem os tempos novos.

*Que queres de mim, mulher?*
*A minha hora ainda não chegou*

Com essa estranha resposta, Jesus indica a necessidade de romper com o passado. Maria espera a ação imediata de Jesus que proveja aquela necessidade, mas Jesus a faz compreender que a Antiga Aliança caducou e que sua obra não irá basear-se nas antigas instituições, representando, ao invés, uma novidade radical. A hora não se refere à de fazer milagres, e sim à hora de cumprir sua missão, à hora da cruz, à hora "de passar deste mundo para o Pai" (Jo 13,1). Essa hora, no evangelho de João, não chega até Jo 12,27, na segunda parte do evangelho.

*Fazei tudo o que ele vos disser*

Aparecem novos personagens, os serventes, e Maria diz a eles que se coloquem à inteira disposição de Jesus. Ela não conhece os planos de seu Filho, mas afirma que têm de aceitar seu programa sem condições e estar preparados para atender a qualquer indicação sua. No contexto da aliança em que se desenvolve a cena, a frase de Maria dirigida aos serventes adquire seu pleno significado. Sua frase faz alusão àquela que o povo pronunciou no Sinai, comprometendo-se a cumprir tudo o que Deus lhes mandasse (Ex 19,8: "Tudo o que o Senhor disse, nós o poremos em prática"). Maria, representando o verdadeiro Israel, compreende pelas palavras de Jesus que a antiga aliança prescreveu e que o Messias vai inaugurar a aliança nova; pede aos serventes que demonstrem sua fidelidade à aliança que ele vai promulgar.

*Havia lá seis talhas...*

Interrompe-se a narração para assinalar a existência das talhas destinadas à purificação. A descrição é minuciosa: seis, de pedra, com capacidade para aproximadamente cem litros cada uma. As talhas, enormes e irremovíveis, parecem presidir as núpcias. Seis indica o incompleto, antes do sete, que expressa a plenitude, a totalidade (os sete dias da criação). O fato de serem de pedra recorda as tábuas da Lei (Ex 31,18) e a profecia de Ezequiel: "tirarei de vosso corpo o coração de pedra e vos darei um coração de carne" (Ez 36,26). A finalidade das talhas, a purificação, dominava a vida religiosa dos judeus. Estes observavam rigorosamente a pureza ritual de alimentos, baixela, utensílios e do próprio corpo, para poderem ser "puros" aos olhos de Deus. Para a purificação, é necessário lavar cuidadosamente tanto os utensílios como algumas partes do corpo. As enormes e pesadas talhas são símbolo do mundo da Antiga Aliança, da Lei, que ainda não foi atingida pelo novo tempo de salvação, que será simbolizado pelo vinho, vinho novo, excepcional em qualidade e abundante, que simboliza os tempos messiânicos.

*Enchei de água essas talhas*

Dirige-se aos serventes que, por indicação da mãe, estão dispostos a executar o que ele disser. As talhas estavam vazias, indicando sua incapacidade. Jesus, ao fazer com que as encham de água, indica que ele vai oferecer a verdadeira purificação, porém não o fará com uma água que limpa as impurezas externas, mas com um vinho que entra no homem, enchendo-o de prazer. O vinho, que é o amor, é a alegria que Jesus veio trazer.

*Todo o mundo oferece primeiro o bom vinho...*

A censura do mordomo ao noivo indica que o vinho novo é melhor que o antigo. O plano de Deus segue uma linha ascendente. O Messias vai inaugurar uma época incomparavelmente superior à antiga. As verdadeiras núpcias, com alegria plena, vão começar com Jesus, o verdadeiro esposo.

## PARA APROFUNDAR

### O matrimônio judeu

*As raízes do Antigo Testamento*

Nos tempos antigos do povo de Israel, a poligamia (o estar casado com várias mulheres) era considerada como algo normal (Dt 21,15). O número de esposas dependia da situação econômica do varão que as desposava, podendo chegar a ter, no caso dos ricos, um harém numeroso (2Sm 3,2-5). Não era rara a bigamia (duas esposas), porém a maioria dos homens só podia permitir-se desposar uma só. O mesmo acontece hoje em culturas do Oriente Próximo, que se aproximam da mentalidade semita.

Não obstante, apresenta-se nos textos bíblicos sapienciais e proféticos a imagem de uma sociedade monogâmica (uma única esposa). Na maioria das vezes, o que impulsionava o varão a tomar uma segunda mulher era o desejo de ter muitos filhos (Gn 1,28), principalmente quando a primeira era estéril ou só tinha filhas.

O noivo ou o pai do noivo são obrigados a dar ao pai ou ao tutor da noiva uma compensação de ordem econômica. Havia diferentes possibilidades: uma quantia estabelecida pelas duas partes, um serviço importante ou alguns anos de trabalho para o pai da noiva (Gn 29,15-30). Isso indica que se trata, na realidade, de uma compensação dada à família da jovem por sua perda, importante tanto como potencial como mão-de-obra quanto como instrumento de vantajosas alianças.

A idade núbil (idade considerada apta para contrair matrimônio), na Antiguidade, não coincide com a puberdade. As jovens podiam ser dadas em matrimônio a partir dos cinco anos (Lv 27,5). Quanto aos rapazes, recomenda-se que o pai os case desde a infância (Sr 7,23). Donde, no geral, que o matrimônio se ajuste entre os pais.

Nessa época antiga, o pagamento completo do dote selava o matrimônio. A esposa era introduzida solenemente na casa do marido, era tomada pelo esposo, que consumava o matrimônio. Ao deixar a casa paterna, levava consigo seu enxoval e parte do dote. Em caso de repúdio por parte do marido, a esposa podia recuperar o dote, mas não tinha direito à herança do marido e muito menos aos bens de raiz deste, que deviam ficar no clã.

*O matrimônio judeu na época neotestamentária*

Na época de Jesus, a situação havia evoluído, mantendo-se, no entanto, dentro da tradição do povo judeu. Chega-se ao matrimônio monogâmico, vale dizer, com uma só mulher, embora se saiba que alguns, como o rei Herodes, não o observaram. As núpcias eram contraídas muito cedo; recomenda-se dar as meninas em casamento desde a idade dos 12 anos e casar os jovens aos 18; a idade de 20 anos é considerada como limite extremo. É muito raro que um homem não se case; com efeito, não existe em hebraico uma palavra que seja sinônimo de celibatário.

Os esponsais, mediante cuja celebração as duas partes ficavam comprometidas em matrimônio, precediam a coabitação e a consumação. O compromisso era de importância tal que implicava que se considerasse a infidelidade de qualquer dos dois como autêntico adultério, uma vez que o matrimônio já existia legalmente. Daí que o castigo devia ser a pena de morte.

Admitiam-se três procedimentos de contrato de matrimônio: o pagamento do dote como na Antiguidade, o acordo selado por um contrato escrito e o simples consentimento mútuo, seguido da consumação efetiva do matrimônio.

As núpcias realizam-se depois que o noivo preparou o novo lar. À noite, com seus amigos, dirige-se à casa da noiva, que está à espera com véu e vestido de noiva, usando as jóias com que o noivo a presenteou. Às vezes ele lhe oferecia uma tiara de moedas. Em uma cerimônia simples, tirava-se o véu do rosto da noiva e colocava-se no ombro do noivo. Este e seus amigos levavam a noiva para sua nova casa ou para a de seus pais, para a festa. Os convidados esperavam na rua com seus melhores aparatos e dirigiam-se em uma procissão com tochas até a nova casa, às vezes entre música e dança. Esse costume continua sendo observado atualmente nas culturas semitas. Os festejos costumavam durar vários dias, sendo o mais freqüente que se prolongassem até sete.

A fidelidade conjugal dava-se por suposta, ao menos por parte da esposa, e o adultério contava-se entre os crimes capitais. O marido, por sua vez, não incorria em penalidade alguma se mantivesse relações sexuais livres com escravas ou prostitutas.

Quanto ao divórcio, o marido tinha o direito de repudiar sua mulher, "encontrando nela qualquer coisa que o envergonhe" (Dt 24,1). O marido fazia uma declaração contrária à do matrimônio: "ela não é minha mulher e eu não sou seu marido" (Os 2,4), e dava-lhe um libelo de repúdio que permitia à mulher repudiada voltar a casar-se. O homem que acusava falsamente sua mulher de não ser virgem quando a havia tomado por esposa ou que houvesse tido de casar-se com uma jovem com a qual havia tido relações sexuais ficava privado do direito de repudiá-la (Dt 22,13-19.28s).

## PARA PREPARAR O PRÓXIMO ENCONTRO

Em nossa próxima reunião, iremos falar da família de Jesus. Para prepará-la, vamos ler Mc 3,31-35 e refletir sobre esta pergunta:

*O que diz Jesus sobre sua família?*

## NOTAS

# 8. MARIA E A FAMÍLIA DE JESUS

## QUAL O OBJETIVO DESTE ENCONTRO?

Jesus teve uma família humana, na qual Maria ocupou um lugar muito especial por ser sua mãe. Mas, para Jesus, os vínculos de sangue têm pouco valor. Vamos descobrir isso neste encontro, no qual nos propomos:
• Refletir sobre o modo como Jesus entende o verdadeiro parentesco com ele.
• Tomar consciência de como Maria é mãe de Jesus não só pelos vínculos puramente humanos que a unem a ele, mas também por ouvir a mensagem divina e pô-la em prática.
• Converter-nos em verdadeiros parentes de Jesus, que, como Maria, escutam sua Palavra e a põem em ação.

# ROTEIRO DE LEITURA

**"Quem são minha mãe e meus irmãos?"**

Antes de iniciar, lê-se **Mc 3,31-35**

> Ambientação

Nenhum ser humano manteve com Jesus uma relação tão especial como Maria. Foi ela quem, por sua escuta obediente da Palavra divina, concebeu-o e o deu à luz. Por meio dela recebemos o grande dom de Deus que é seu Filho encarnado. Aparentemente, não pode haver uma dignidade maior. A maternidade divina de Maria, segundo essa expressão, seria sua maior grandeza, que lhe permite interceder sempre junto a Jesus (como nas núpcias de Caná). Não obstante, a relação de Maria com Jesus não se reduz a um parentesco puramente natural. Ela foi Mãe de Deus porque cumpriu a vontade de Deus: "Aconteça-me segundo a tua palavra".

É muito normal considerar os parentes pessoas próximas, de confiança, com as quais compartilhamos muitas coisas. Por isso os cristãos, a família dos filhos de Deus, chamam-se uns aos outros de "irmãos". Em virtude de nossa relação com Jesus, o Filho, entramos nessa família divina. Só os que o recebem e crêem nele (cf. Jo 1,12) chegam a ser filhos de Deus.

Assim sendo, os verdadeiros parentes de Jesus não são necessariamente os que parecem estar mais perto dele. Só quem escuta a Palavra de Deus e a cumpre, como fez Maria, é mãe, irmã e irmão de Jesus.

> Consideramos nossa vida

Todos nós distinguimos claramente entre quais são os nossos parentes e aqueles que não o são. O fato de pertencer a uma família confere direitos no trato com os demais parentes, mas também gera obrigações. E contudo, tanto na família humana quanto na divina, às vezes buscamos apenas os direitos e descuidamos dos deveres. Em compensação, ocorre às vezes mantermos uma relação familiar com pessoas que não são de nosso sangue.

— *Vivemos a experiência de ser impelidos "como se fôssemos família" a realizar algo com alguém que não é nosso parente? Relate alguma experiência.*

> **Escutamos a Palavra de Deus**

É possível que tenhamos descoberto em nossa vida aspectos negativos de egoísmo disfarçado em "sentimentos familiares" de todo tipo. Até na relação com Jesus, confundimos, às vezes, o parentesco espiritual que nos une a ele com algo a que temos direito e que não nos obriga a nada ou a quase nada.

A Palavra de Deus que vamos proclamar elimina toda essa camuflagem, colocando-nos diante do elemento-chave do parentesco com Jesus. Ser filho de Deus é um dom com que se presenteia os que acolhem Jesus e crêem nele (cf. Jo 1,12). Gera direitos, não há dúvida, mas acima de tudo, um "dever": uma forma de vida nova, que consiste em cumprir sempre a vontade de Deus. Assim foi a vida de Jesus, o Filho, e a de Maria, a Mãe. Assim deve ser a vida das irmãs e irmãos...

- Preparemo-nos com alguns momentos de silêncio para acolher a Palavra de Deus.
- Um dos membros do grupo lê Mc 3,31-35 em voz alta e pausadamente.
- A seguir, cada qual faz uma releitura individual do texto, consultando as notas de sua Bíblia e refletindo sobre o que foi lido.
- Logo após, todos juntos procuram responder a estas perguntas:
  — Existem no texto dois grupos claramente delimitados: os que estão fora do círculo de Jesus e os que o rodeiam. *O que caracteriza cada um deles?*
  — *Quem, entre os ali presentes, cumpre a condição imposta por Jesus? Como o fazem?*
  — Maria está fora, mas também está dentro... À luz desse texto, *o que é que Jesus mais valoriza nela?*

> **Voltamos a considerar nossa vida**

Vimos em que consiste, para Jesus, o verdadeiro parentesco com ele. Para um cristão, o que o situa na verdadeira família é a fé.

— *A fé em Jesus me ajuda a considerar como família pessoas que não são de minha família? De que modo?*
— *A quem haveremos de reconhecer como "mãe", "irmão", "irmã" de Jesus?*

➢ **Oramos**

Maria ouviu a Palavra de Deus e a pôs em prática. Por essa razão, tornou-se a Mãe de Deus. Seu cumprimento da vontade divina foi por ela vivido em contínuo diálogo com Deus: Maria fez de cada momento de sua vida uma oração. Imitemos agora seu exemplo, fazendo oração. Podemos dar graças a Deus porque nos presenteou com o dom de ser seus filhos, e também pedir que nos ajude a cumprir a tarefa que esse dom exige de nós: realizar sempre sua vontade.

• Podemos acender uma vela diante da Bíblia aberta, como símbolo de nosso propósito de "arder" continuamente na presença de Deus, cumprindo sua Palavra.

• Depois de alguns momentos de recolhimento, lê-se novamente Mc 3,31-35.

• Passado um instante de silêncio, expressamos a oração (súplica, ação de graças, petição...) que a meditação dessa passagem do evangelho suscitou em nós.

• Podemos concluir rezando juntos a oração de C. de Foucauld: "Pai, coloco-me em tuas mãos".

## EXPLICAÇÃO DA PASSAGEM

O evangelho de Marcos divide-se em uma introdução (Mc 1,1-13) e duas partes. O fio condutor da primeira delas (Mc 1,14-8,30) é Jesus como Messias que proclama o reino de Deus. A segunda (Mc 8,31-16,8) desenvolve a realidade de Jesus como Filho de Deus que morre e ressuscita. A primeira parte, que é a que aqui nos interessa, consta, por sua vez, de três seções. As três possuem esquema semelhante: Jesus atua e seus ouvintes reagem diante de sua atuação. Primeiro são os fariseus (Mc 1,14-3,6), depois o povo (Mc 3,7-

6,6a) e finalmente os discípulos (Mc 6,6b-8,30). A passagem objeto de nosso encontro, Mc 3,31-35, está inserida na segunda seção: a reação dos familiares de Jesus considera-se como parte da do povo, que não compreende Jesus.

Mc 3,31-35 (e os textos paralelos de Mateus e Lucas) apresenta-nos uma cena fácil de imaginar. Existem dois planos: no primeiro, Jesus rodeado de pessoas que ouvem suas palavras e vêem o que faz; no segundo, quase invisíveis devido à multidão, a mãe e os irmãos de Jesus, que mandam pedir a ele que saia, pois querem vê-lo. Com relação ao espaço, existem, portanto, dois âmbitos definidos: os que estão "dentro" do círculo criado por Jesus (as pessoas) e os que estão "fora" do mesmo círculo (os parentes). Esse jogo espacial (perto-longe, dentro-fora) tem uma carga simbólica evidente: a posição espacial em relação a Jesus é sinal da postura espiritual em relação a ele. Com efeito, atualmente continuamos falando dos "afastados" para referir-nos aos crentes que abandonaram a fé ou, pelo menos, algumas de suas práticas exteriores. O paradoxal está no fato de que, nesta passagem evangélica, estão longe/fora aqueles que, aparentemente, deviam estar mais próximos de Jesus e mais dentro de seu círculo: seus parentes. Esse simbolismo é simples e fácil de entender para quem está familiarizado com a Bíblia: os papéis invertem-se, o que está em cima é derrubado e o humilhado vê-se enaltecido.

Segundo Mc 3,21, os parentes de Jesus, ao tomarem conhecimento do que fazia, "vieram para detê-lo, pois diziam: 'Ele perdeu o juízo'". Sabemos por outras passagens que os parentes de Jesus não acreditavam nele (Jo 7,5; cf. Mc 6,4 e par). De qualquer maneira, alguns textos de Mateus e Lucas dizem que Maria não participava dessas atitudes de sua parentela. Por outro lado também não nos consta que muitos dos que ouviam a pregação de Jesus rechaçaram sua mensagem (Mc 4,1-20 e par).

Como entender, então, o simbolismo espacial à maneira tradicional, quando Maria está longe/fora e muitos incrédulos estão perto/dentro?

No simbolismo espacial da passagem, é preciso distinguir três planos:

1) Os parentes de Jesus entendem literalmente seu afastamento e querem corrigi-lo. Desejam que Jesus saia e vá até onde eles estão, dando-lhes a atenção que merecem. Crêem-se com direitos especiais sobre Jesus e querem estar perto dele para controlá-lo e evitar que prejudique a honra familiar.

2) Para Jesus, a posição espacial também tem valor simbólico. Quer criar uma nova família, a família dos que crêem, que esteja perto dele, dentro de seu círculo. Tal família só pode nascer da escuta e acolhida de sua palavra. Nisso seus parentes não têm vantagem alguma. Também eles, se quiserem entrar nessa nova família, haverão de ouvir e crer (= "cumprir a vontade de Deus") para estar perto dele.

3) A liberdade humana de acolher ou rechaçar Jesus torna possível que o simbolismo espacial não coincida, neste momento, com a realidade: existem próximos que na realidade estão longe, e distantes, em contrapartida, que estão próximos. Isso supõe duas coisas. Em primeiro lugar, que às vezes as aparências enganam. Estar perto não significa automaticamente ser verdadeiro irmão de Jesus. Estar longe não supõe ser alheio a Jesus. (Pense-se na parábola do joio e do trigo [Mt 13,24-30]: os dois crescem misturados, sem que seja possível separá-los até o final). Em segundo lugar, que a única maneira de distinguir os verdadeiros parentes de Jesus é sua atuação ("Por seus frutos os conhecereis"): cumprem a vontade de Deus.

Quanto à cena a que assistimos, não se trata, pois, de uma cena feita e acabada, mas que está acontecendo, encontra-se em movimento. Jesus não se deixa açambarcar por sua família humana, porque está criando sua família divina. Já desde agora, seus verdadeiros parentes são aqueles que, como ele, fazem a vontade do Pai. Esses nasceram de Deus (Jo 1,13). Por isso, pode chamá-los "irmãos" e "irmãs". Todavia, o número desses "irmãos" não está fechado, nem limitado aos que parecem encontrar-se mais perto de Jesus (os cristãos em geral, os que vão à missa, os sacerdotes ou religiosos, os pertencentes a grupos paroquiais etc.).

As palavras de Jesus ("Eis minha mãe e meus irmãos. Todo aquele que faz a vontade de Deus, esse é meu irmão, minha irmã, minha mãe") são a chave para entender o movimento dos diversos planos do texto.

É estranha a afirmação de que uma mesma pessoa ("aquele que faz a vontade...") pode ser "irmão, irmã e mãe" de Jesus. Indica que o parentesco divino não é tão limitado quanto o humano em suas funções, nem apresenta diferenças por razões de sexo (como diz Paulo, em Cristo "já não há mais o homem e a mulher", Gl 3,28).

A menção da "mãe", junto a "irmão e irmã", alude a Maria. Ela é modelo de cumprimento da vontade de Deus. Seu "sim" torna possível o nosso, pois sem o seu, não teríamos recebido Cristo e, em conseqüência, nem o acesso à filiação divina. Com nosso "sim", podemos conceber Jesus em nosso coração, e dá-lo à luz cumprindo a vontade do Pai.

A situação descrita na passagem, dissemos, está acontecendo, encontra-se em movimento. Essa é também a realidade que vivia a comunidade para a qual Marcos escreve seu evangelho: como Jesus, muitos desses cristãos tiveram de romper com suas famílias humanas para incorporar-se à nova família dos crentes; mas sabem também que seu "sacrifício" não lhes dá "direito" algum sobre Cristo nem sobre sua salvação, pois só o cumprimento da vontade de Deus mantém o cristão inserido na família de Jesus; experimentam em sua vida que a fé não se adquire de maneira definitiva, não é estática, mas algo vivo que há de crescer, um caminho que se há de percorrer, a exemplo de Maria. Uma situação, esta, da comunidade de Marcos, que continua sendo de absoluta atualidade para nós.

## PARA APROFUNDAR

### A família no tempo de Jesus

*"Família" em sentido estrito e em sentido amplo*

Entre os hebreus, o tipo familiar vigente no tempo de Jesus era o patriarcal. O pai tinha a autoridade e a exercia sobre todos os membros da família. Esta era composta pelo pai, pela mãe, pelos filhos e escravos (por exemplo, Mt 10,25.35; Rm 14,4). A família (a "casa") constituía a célula e a base da sociedade.

Freqüentemente, o termo "família" tinha um sentido mais amplo, que chegava a abranger o povo inteiro ou uma parte importante dele. Outras vezes confundia-se com o clã, ou seja, o conjunto de várias famílias procedentes de um mesmo tronco, que habitavam um mesmo lugar. Essa noção de família é a que se encontra subjacente em Mc 3,31-35 e par. Os "irmãos de Jesus não são filhos de Maria, mas parentes próximos (por exemplo, primos), que em hebraico e aramaico chamam-se também "irmãos" (cf. Gn 13,8; 14,16; 29,15; Lv 10,4; 1Cr 23,22s; Mt 13,55 e par; Jo 7,3s; At 1,14; 1Cor 9,5; Gl 1,19).

*"Família" em sentido religioso*

A importância da família na sociedade israelita e sua função como centro da instrução religiosa (que estava a cargo do pai) explicam a aplicação do termo a Israel e à comunidade de Cristo: são "família de Deus" (Jr 31,1; 1Tm 3,15; 1Pd 4,17).

As comunidades domésticas mencionadas no Novo Testamento (At 1,14; 16,15.31.34; 18,8; 1Cor 1,16; Fm 2; 2Tm 1,16; 4,19) surgiram, sem dúvida, porque as casas eram lugar de reunião. Nelas pregava-se o evangelho (At 5,42; 20,20) e celebrava-se a ceia do Senhor (At 2,46).

No Novo Testamento, a conversão do chefe de família levava todos de sua casa à comunidade e à fé (At 16,31.34; 18,8; cf. Jo 4,53). Assim, fala-se, por exemplo, do batismo de "casas" ou famílias inteiras (1Cor 1,16; At 16,15; cf. At 16,33; talvez também At 18,8).

A formação de comunidades domésticas, explicável pela situação de missão, foi da maior importância para a difusão do Evangelho.

Na Igreja primitiva, era preciso contar com uma ruptura das famílias por causa do Evangelho (Mt 10,35s e par). Aos que abandonam sua família humana por causa de Jesus, é prometido "o cêntuplo agora, no tempo presente, em casas, irmãos, irmãs, mães, filhos e campos" (Mc 10,29s e par): no lugar da família rompida, aparece a família de Deus, a comunidade de fé.

*A família cristã hoje*

Como nos começos da Igreja, as comunidades cristãs são âmbitos nos quais se vive a realidade da fraternidade com que Deus nos presenteia em Cristo. E são também, como então, o lugar onde se há de pregar o evangelho e celebrar a ceia do Senhor. Seu crescimento, sua expansão missionária irá então produzir-se como é devido: de dentro para fora, pelo transbordamento da própria vitalidade interior.

Dentro da grande família de Deus, as famílias cristãs em sentido estrito desempenham um papel fundamental. São "igrejas domésticas" (assim as chama o concílio Vaticano II). Em seu interior deve-se viver a fé e instruir nela os filhos. Dessa atividade, nascerá sua dimensão missionária, exterior.

A partir desse modelo que nos é proposto, devemos examinar nossas comunidades cristãs e averiguar até que ponto são verdadeiramente famílias de Deus, ou seja, âmbitos nos quais se vive a fraternidade divina com a liberdade dos que têm consciência de serem filhos de Deus. A escuta da Palavra e a celebração da eucaristia são momentos fundamentais, porém, ao mesmo tempo, são simples meios para viver a fé, para cumprir a vontade de Deus.

## PARA PREPARAR O PRÓXIMO ENCONTRO

Nossa próxima reunião será centrada em Jo 19,25-27: Maria de pé, junto à cruz. Para preparar o encontro, leia esses versículos refletindo sobre eles, apoiando-se nesta pergunta:

*Como enfrenta Maria o sofrimento da paixão
e morte de seu Filho?*

## NOTAS

# 9. MARIA, A MULHER FORTE E ACOLHEDORA, EM MEIO À DOR

**QUAL O OBJETIVO DESTE ENCONTRO?**

A Virgem Maria, desde o momento em que ouviu as palavras do velho Simeão até o momento em que seu Filho expirou na cruz, conheceu de perto o sofrimento, soube muito bem o que era a dor e experimentou o sabor da cruz. Por isso, procuraremos alcançar neste encontro os seguintes objetivos:
• Contemplar Maria de Nazaré, que está de pé junto à cruz, ao lado de outras mulheres e do discípulo amado.
• Aprender dela o sentido que podemos dar ao sofrimento quando somos por ele atingidos em nossa vida.
• Transformar-nos em pessoas capazes de encarar o sofrimento a partir do seguimento de Jesus, no estilo da "mulher forte" que se manteve de pé junto à cruz.

## ROTEIRO DE LEITURA

"Perto da cruz de Jesus permaneciam de pé a sua mãe..."

Antes de começar, leia-se **Jo 19,25-27**

➢ **Ambientação**

Ao considerar hoje esses versículos do evangelho de João que nos falam da atitude de Maria no marco da Paixão e da Glória de Jesus, apresentando-nos os novos vínculos que nascem junto à cruz, deixemos que o Espírito Santo nos transmita sua luz para que também nós sejamos capazes de viver com sentido positivo o sofrimento e a dor.

➢ **Consideramos nossa vida**

A dor e o sofrimento constituem um dos problemas mais sérios que toda pessoa, mais cedo ou mais tarde, tem de enfrentar em sua vida. A dor pode ser física, como a enfermidade; pode ser também de outro nível mais profundo, e então a denominamos sofrimento moral ou simplesmente sofrimento, porém ambas as versões apresentam-se muitas vezes juntamente.

— *Já viveu você, de perto, a dor e o sofrimento de outras pessoas?*
— *Como lhe parece que enfrentaram essa situação?*
— *Podemos nós aceitar que estamos nesta vida para sofrer, como afirmam algumas pessoas?*

➢ **Escutamos a Palavra de Deus**

Ao aproximar-nos da Palavra de Deus, nunca exaurimos seu sentido em uma primeira leitura. Ao contrário, quando o tempo passa e voltamos a abrir uma página já conhecida do evangelho, descobrimos com espanto luzes especiais que iluminam nossa situação, e encontramos novas forças para enfrentar preocupações ou sofrimentos pessoais e coletivos que nos angustiam. Na cena que

hoje queremos contemplar, especialmente por intermédio da Virgem Maria, são-nos oferecidas algumas chaves para iluminar o sentido da dor e para descobrir o valor que pode estar contido no sofrimento.
* Procuremos colocar-nos também de pé junto à cruz e leiamos atentamente Jo 19,25-27.
* No silêncio de nosso coração, consultando as notas de nossa Bíblia, deixemos que a cena do Calvário se ilumine e recebamos as luzes que a Palavra, sempre viva e atual, quer nos transmitir.
  — *Existe algo nesta cena que nos chame a atenção: personagens, gestos, palavras que se repetem?*
  — *Que significado pode ter "estar de pé" junto à cruz?*
  — *Qual nos parece ser a mensagem fundamental que o texto pretende transmitir?*

> Voltamos a considerar nossa vida

A "mulher forte" que se manteve de pé junto à cruz de Jesus, em companhia de algumas poucas pessoas, conseguiu fazer sua a proposta de Jesus: "Se alguém quer vir em meu seguimento, renuncie a si mesmo, tome a sua cruz e siga-me" (Mt 16,24; cf. Mc 8,34; Lc 9,23) e viveu essa situação intensa e serenamente. Para nós, falar hoje de dor e sofrimento equivale a dizer "cruzes". O importante não é suprimir "as cruzes da vida", mas descobrir a maneira de tomar posição diante delas.
  — *Como enfrentamos nós o sofrimento: com desânimo e rebeldia ou com ânimo e esperança?*
  — *Quais as luzes e forças oferecidas pela cena de Maria ao pé da cruz, para enfrentar os momentos de dor e sofrimento?*

> Oramos

Depois de haver contemplado a Virgem Maria de pé junto à cruz de Jesus, é chegado o momento de manifestar diante de Deus nossos sentimentos e atitudes. Podemos falar com o Senhor e dirigir-lhe uma palavra de gratidão pelo que significa a Virgem Maria em nosso caminhar de discípulos.

- Lemos novamente o texto de Jo 19,25-27 e fazemos oração em silêncio, durante alguns instantes.
- Depois disso, expressamos em voz alta o que sentimos, a partir do que meditamos e dialogamos.
- Finalmente, podemos concluir rezando juntos as palavras com que orou o velho Simeão: Lc 2,29-32.

## EXPLICAÇÃO DA PASSAGEM

Para poder compreender o profundo significado desta cena, é necessário situá-la dentro do quadro mais amplo que nos descreve Jo 19,18-42. O eixo de tudo está em "Jesus exaltado na cruz". Entretanto, encontramos nesse quadro cinco cenas cheias de simbolismo: 1) Jesus é apresentado no trono da cruz (Jo 19,18-22); 2) tiram-lhe tudo o que era seu: repartem suas vestes (Jo 19,22-24); 3) a mulher que está de pé junto à cruz é entregue nas mãos do discípulo, assim como o discípulo amado é posto nas mãos da mulher/mãe (Jo 19,25-27); 4) Jesus entrega seu espírito, e de seu lado aberto saem sangue e água (Jo 19,28-31); 5) a quinta cena, após a descida do corpo de Jesus da cruz, introduz-nos no sepulcro juntamente com ele (Jo 19,38-42).

A própria construção literária desse relato dá a entender que, para o autor do quarto evangelho, a terceira cena é a mais importante: a parte que se refere à mulher/mãe e ao discípulo amado é o último ato que Jesus devia realizar para completar sua obra. Jesus está consciente de que, depois disso, tudo estava consumado (Jo 19,28).

Para melhor entender esse episódio tão significativo, podemos fixar nossa atenção em três aspectos que o texto nos sugere:

a) Onde estava Maria: "Junto à cruz de Jesus" (Jo 19,25). O estar junto à cruz de Jesus não é uma referência secundária. Só este pequeno núcleo de pessoas que estava de pé junto à cruz de Jesus pode dar um testemunho completo de sua exaltação. Daí vem o sentido e a força para encarar o sofrimento. Diga-me onde estão seus pés e eu lhe direi o que vê, o que sente e o que vive.

b) Como estava: "Permaneciam de pé a sua mãe, a irmã da sua mãe..." (Jo 19,25). A maneira de estar é muito importante. Geralmente as traduções desse versículo indicam que junto à cruz de Jesus "estavam" sua mãe, a irmã de sua mãe, Maria de Clopas e Maria de Mágdala. E dão por suposto o modo de estar. Porém, a tradução correta deveria ser "estavam de pé". Não é a mesma coisa estar deitado, estar sentado ou estar de pé. E o termo empregado em grego pretende ressaltar precisamente que "estavam de pé". No Apocalipse, emprega-se várias vezes a mesma palavra e traduz-se por "estar de pé", porque envolve o sentido de firmeza, de vitória (cf. Ap 10,8-15,2; 19,17); e também de glória: "O Cordeiro estava de pé sobre o monte Sião, e com ele os cento e quarenta e quatro mil que trazem inscritos em sua fronte o nome dele e o nome de seu Pai" (Ap 14,1). Maria está junto à cruz, mas não de qualquer maneira, e sim "de pé". Não derrotada, nem desanimada. Mas com firmeza, com dignidade e esperança.

c) Com quem estava: Maria não estava só. Em meio ao sofrimento, abrem-se-lhe perspectivas antes inimagináveis. "Vendo assim a sua mãe, e perto dela o discípulo que ele amava, Jesus disse à sua mãe: 'Mulher, eis aí o teu filho'. A seguir, disse ao discípulo: 'Eis a tua mãe'" (Jo 19,26-27a). Esse ver de Jesus vai mais além das aparências externas. No quarto evangelho, mais de uma vez, a visão transforma-se em oráculo. Assim, quando João Batista vê Jesus que se aproxima e diz: "Eis o cordeiro de Deus que tira o pecado do mundo" (Jo 1,29); e quando o próprio Jesus vê Natanael que está chegando, exclama: "Eis um verdadeiro israelita no qual não há fingimento" (Jo 1,47). Também agora, trata-se de uma visão que revela uma realidade mais profunda.

Novos vínculos de família: a palavra "mãe" tem um destaque especial. Aparece cinco vezes em três versículos. "E desde aquela hora o discípulo a recebeu em sua casa" (Jo 19,27b). Do mesmo modo que aquele que acolhe a Palavra recebe o poder de ser filho de Deus (Jo 1,12) e os que aceitam as palavras do Mestre crêem em quem o enviou (Jo 17,8), assim o discípulo acolhe Maria como expressão da aceitação de Jesus e de sua Palavra. Maria passa a ser a mãe do discípulo, de todo discípulo, da comunidade crente; e o discípulo de Jesus em todos os tempos e lugares, a comunidade de fé, será para sempre o filho dessa Mãe.

Esses versículos do quarto evangelho, breves e intensos, simples e profundos, despertaram sempre no coração dos que crêem ecos singulares de ternura e arranques firmes para "sofrer com", para viver como Maria a "compaixão" junto ao irmão. Da conjunção dos três elementos assinalados pelo texto, depende o sentido e o valor do sofrimento na vida do ser humano:
1) Situar-se junto à cruz de Jesus e, nele e com ele, junto a quem sofre. 2) Permanecer de pé, sem admitir a derrota, ainda que de momento nos pareça estarmos vencidos. 3) Acolher a companhia e a solidariedade dos que estão a nosso lado, abrindo o coração, não apenas para a compaixão, mas para compartilhar experiências radicais e para estabelecer novas e indizíveis relações.

## PARA APROFUNDAR

### O sentido da dor e do sofrimento na Bíblia

*O fato da dor*

A Bíblia reconhece que a dor é uma realidade universal: "O homem, nascido de mulher, é breve de dias e cumulado de penas" (Jó 14,1). "Desde quem veste a púrpura e cinge a coroa, até o que está coberto de pano grosseiro, não há senão furor, inveja, perturbação e agitação, temor da morte, ressentimento e discórdia" (Sr 40,1-7). Em suas páginas, não só se escutam queixas, mas também gritos e lamentos. Os lamentos são tão freqüentes que existe até um gênero literário próprio chamado "Lamentação". Na maioria das vezes, esses brados elevam-se a Deus: os escravos do Egito clamam a Deus (Ex 2,23); no deserto, os filhos de Israel queixam-se amargamente diante de Yhwh (Nm 11,1). Das ruas da Jerusalém destruída pelos babilônios, sobem os lamentos (Lm 5,20-22). Os Salmos estão repletos desses clamores de aflição em cada etapa da história e "ofereceu orações e súplicas com grande clamor e lágrimas àquele que podia salvá-lo da morte..." (Hb 5,7). Todavia, apesar dessas constantes referências à dor e ao sofrimento, nunca se afirma que estes, como tais, sejam fontes de alegria.

*Em si mesmo, o sofrimento não é bom e tem de ser rechaçado*

Essa posição ficou solenemente marcada, e com traços inolvidáveis, no livro de Jó. O protagonista sofre, e clama seu sofrimento aos quatro ventos. Os três amigos, Elifaz, Bildad e Sofar, que vieram vê-lo, depois de prorromper em gritos e lamentos, ficam junto dele em silêncio durante sete dias e sete noites, sem ousar sequer dirigir-lhe a palavra. Então Jó abre sua boca e maldiz o dia de seu nascimento: "Por que o dom da vida para o homem sem perspectiva?" (Jó 3,3-23a).

É um fato lógico o de que o ser humano não se resigne diante da enfermidade e do sofrimento. Na própria Bíblia, repete-se sem ambigüidades que "é quando um homem vive e está com saúde, que pode louvar o Senhor" (Sr 17,28). A saúde é um bem imenso que se pede a Deus. Em vez de exaltar a dor, aguarda-se a era messiânica como um tempo de cura (Is 33,24) e de ressurreição (Is 26,19; 29,18; 61,2). A própria serpente de bronze no deserto (Nm 21,6-9) será apresentada como figura do Messias (Jo 3,14), como sinal de saúde e de vida.

*Em meio ao sofrimento é possível caminhar*
*para a esperança e para a alegria*

Apesar das piores catástrofes, o pessimismo nunca triunfou em Israel; e menos ainda o fatalismo de deixar-se arrastar pela corrente do sofrimento como algo absolutamente inevitável. É muito significativo o fato de que o autor do livro de Jó não possa concluir seu escrito com a nota de desespero, como tampouco faz o Eclesiastes que aconselha, apesar de tudo, a alegrar-se pela vida (Jó 42,7-16; Ecl 3,2.24; 9,7-10; 11,7-10). Mesmo os profetas mais imersos no sofrimento descobrem sempre algum recurso de esperança e de felicidade em meio às desgraças (Jr 9,16-23).

As páginas da Bíblia também nos ensinam a acolher, dentro do sofrimento, a revelação de um desígnio divino que nos ultrapassa (Jó 42,1-6; 38,2). Antes de Jó, já o reconhecia também José diante de seus irmãos (Gn 50,20). Por isso, o livro da Sabedoria fala da felicidade da mulher estéril, porém irrepreensível, e da felicidade do eunuco que não praticou o mal (Sb 3,13-14).

*Discípulos do Crucificado*

Se o cristão vive na fé, "já não é ele quem vive, mas é Cristo que vive nele" (Gl 2,20): da mesma forma, os sofrimentos do cristão são os sofrimentos de Cristo nele (2Cor 1,5). Como discípulos de Jesus, movemo-nos em sua escola, somos algo seu e, portanto, o sofrimento nos configura com ele (Fl 3,10).

Cristo, mesmo sendo o Filho, aprendeu a obediência por seus sofrimentos (Hb 5,8); do mesmo modo, é preciso que nós corramos o combate que se nos oferece, com os olhos postos no autor e consumador de nossa fé (Hb 12,15). Cristo, que se fez solidário com os que sofrem, dá aos seus a mesma Lei (1Cor 12,26; Rm 12,15; 2Cor 1,7).

Portanto, a cruz de Cristo não se opõe à felicidade e, sim, à satisfação dos desejos imediatos e egoístas que se apresentam como se fossem a felicidade. A cruz de Cristo opõe-se ao prazer entendido como o desfrute ambicioso e prejudicial para os demais. Se acolhermos o evangelho na chave que Jesus nos oferece (Mt 5,3-12), não podemos deparar senão uma proposta de felicidade. Nessa vida concreta, Jesus Cristo e sua Palavra nos convocam a ser bem-aventurados, felizes, ditosos.

## PARA PREPARAR O PRÓXIMO ENCONTRO

Maria é testemunha da morte de seu Filho. Acompanha-o até o Calvário, entregando-se juntamente com ele. Todavia, é também testemunha, unida à primeira comunidade cristã, de sua vitória, de sua Ressurreição. É o tema sobre o qual vamos refletir no próximo encontro. Para prepará-lo, leia At 1,3-14 e procure responder a esta pergunta:

*Que instruções dá o Ressuscitado em Jerusalém a seus seguidores?*

# NOTAS

## NOTAS

# 10. MARIA COM OS DISCÍPULOS, À ESPERA DO ESPÍRITO

## QUAL O OBJETIVO DESTE ENCONTRO?

No último encontro, Maria estava de pé junto à cruz e nos foi entregue como Mãe. Nesta seção a contemplamos depois da morte e ressurreição de Jesus, formando comunidade cristã com o grupo dos apóstolos e esperando com eles a força e o impulso do Espírito Santo.

Propomo-nos os seguintes objetivos:
• Contemplar Maria com os discípulos, à espera do Espírito.
• Refletir em torno de quatro aspectos marianos: Maria ouvinte, orante, Mãe e oferente.
• Interpelar-nos quanto ao lugar que Maria ocupa em nossas vidas e comunidades e se é nosso modelo na formação de atitudes que construam comunidade cristã.

## ROTEIRO DE LEITURA

"**Todos, unânimes, eram assíduos à oração, com algumas mulheres, entre as quais Maria.**"

Antes de começar, leia-se **At 1,12-14**

### ➢ Ambientação

Em todas as passagens bíblicas sobre as quais estamos refletindo, aparece de uma ou de outra forma a figura de Maria orante: encontramo-la acolhendo a Palavra na Anunciação, louvando a Deus com o "Magnificat", meditando em seu coração o que não compreendia, a começar pelas palavras de seu Filho quando se perdeu no Templo até seu aparente fracasso na cruz.

Hoje, a partir de uma passagem do livro dos Atos dos Apóstolos, vamos encontrá-la orando com a comunidade dos primeiros seguidores de Jesus ressuscitado, à espera do Espírito.

### ➢ Consideramos nossa vida

Maria ocupa um lugar de destaque em nossas igrejas. Nelas a encontramos sob diferentes invocações, sozinha ou carregando Jesus nos braços. Temos também sua imagem em nossas casas, em nossos vilarejos celebram-se festas em sua honra, e muitos de nós, homens e mulheres, recebemos seu nome junto com o nosso: José Maria, Míriam, Maria da Glória...

— *O que significa Maria em sua vida? Como a invoca em sua oração?*

— *Em sua paróquia ou comunidade cristã a que pertence, que lugar ocupa Maria nas catequeses, celebrações, orações...?*

### ➢ Escutamos a Palavra de Deus

Segundo o livro dos Atos dos Apóstolos, Maria fazia parte da primeira comunidade dos seguidores de Jesus; nela ocupava um lugar de destaque, compartilhava o que essa comunidade estava vivendo depois da Ascensão de Jesus e à espera do Espírito.

- Colocamo-nos na disposição de abrir-nos à Palavra, observando um momento de silêncio e invocando o auxílio do Espírito Santo.
- Lemos At 1,12-14.
- Refletimos em silêncio: lemos de novo a passagem individualmente e consultamos as notas de nossa Bíblia, para que nos ajudem a entender melhor.
- Respondemos todos juntos a estas perguntas:
  — *Onde se desenvolve a cena?*
  — *Por que em Jerusalém? (leia At 1,4-8)*
  — *Quem nomeia Lucas nesses versículos? Por quê?*
  — *Quais as características da oração dessa comunidade?*
  — *O que estão esperando? Por quê?*

➢ **Voltamos a considerar nossa vida**

Lucas mostrou-nos Maria inserida em uma comunidade cristã unida em oração, esperando o Espírito Santo.

Sem dúvida, no decurso de nossas reuniões, além desta, inteiramo-nos de outras atitudes de Maria que podem ajudar-nos em nosso caminho de fé.

— *Quais as atitudes de Maria que nos ajudam a ser discípulos de Jesus e a formar comunidade cristã?*

— Dentre as atitudes que foram comentadas no grupo, *qual delas pode ser apontada para que sua paróquia e sua comunidade cresçam?*

➢ **Oramos**

Com Maria, mulher do Espírito, e unidos às primeiras testemunhas de Jesus Ressuscitado, também nós pedimos a chegada do Espírito Santo a nossas vidas, a nossas famílias, comunidades, a nosso mundo.

Para ambientar o lugar da oração, e nós mesmos nos situarmos, podemos colocar em um lugar visível da sala ou no centro do grupo, um símbolo alusivo ao Espírito Santo.

- Voltamos a ler At 1,12-14, acolhendo-o como Palavra de Deus que nos interpela.
- Depois de alguns momentos de oração pessoal, podemos expressar em voz alta, em forma de petição, de ação de graças ou de compromisso, algo que tenha ressoado de modo especial em nosso coração.
- Podemos concluir este momento de oração, cantando "Espírito Santo, vem, vem" ou, se o soubermos, o canto "Veni Creator Spiritus".

## EXPLICAÇÃO DA PASSAGEM

No conjunto dos quatro evangelistas, poderíamos atribuir a são Lucas o título de "catequista", uma vez que, empenhando-se para que seus cristãos compreendam e celebrem melhor a mensagem cristã, separa algumas recordações sobre Jesus que os outros evangelistas apresentam unidas. Por exemplo, Lucas distingue entre o tempo da Ressurreição de Jesus, a Ascensão e a vinda do Espírito. Três aspectos que Marcos, Mateus ou João apresentam como um único evento.

Tomar em consideração esse detalhe é o primeiro passo para situar na obra de Lucas a passagem que estamos refletindo. Segundo esse evangelista, Jesus ressuscitado, antes de subir ao céu, dá a seus seguidores um programa missionário que só poderão levar adiante com o impulso do Espírito Santo (At 1,8-9). Jesus sobe ao céu e a comunidade dos primeiros seguidores reúne-se, esperando o Espírito prometido. Esse é o contexto da passagem que selecionamos para este roteiro de leitura.

Situando-nos na passagem em si, o primeiro aspecto que deve ser assinalado é que At 1,12-14 é um *sumário*. Os sumários são paradas que Lucas faz na narrativa para enfatizar brevemente algum aspecto importante do que houver sido dito ou do que virá. Aqui pretende deixar claras algumas atitudes importantes da primeira comunidade e salientar que o tempo entre a Ascensão e Pentecostes é um tempo de oração em comum, como preparação para a vinda do Espírito. Portanto, os sumários são como resumos e pausas de reflexão no meio do relato. Um pouco mais adiante, Lucas voltará a retomar atitudes-chave na vida comunitária e também o tema da chegada do Espírito e sua animação na comunidade ao longo de toda a sua tarefa missionária.

Na passagem que lemos, existem três palavras que nos fornecem a chave para reconhecer algumas atitudes dessa primeira comunidade reunida: *perseverança, unanimidade e oração*. Constância na oração e união de sentimentos são traços que irão marcar o ideal comunitário de Lucas no decorrer de toda a sua obra. Mostra-os como exemplo para a vida da Igreja, sem distinção de tempo ou lugar.

Quanto à oração, constitui, segundo Lucas, uma característica muito importante do cristão, não só como indivíduo, mas também como comunidade. E assim, apresenta-nos cristãos orando em diversas circunstâncias: Estêvão antes de sua morte (At 7,59-60), Ananias antes do encontro com Paulo (At 9,10-16), Pedro antes da missão na casa de Cornélio (At 10,9). Lucas caracteriza até o autêntico seguidor de Jesus como uma pessoa cheia do Espírito Santo (At 6,5; 9,17). Os Atos oferecem-nos uma imagem de comunidade orante: ora-se em comum em momentos de perseguição (At 4,24-31), ou nas eleições para serviços dentro da Igreja (At 1,24; 6,6; 13,1-3).

Portanto, ao salientar que "Todos, unânimes, eram assíduos à oração" (At 1,14), Lucas está assinalando um estilo de vida que deverá caracterizar os seguidores de Jesus e que ele vai continuar a retomar ao longo de todo o seu livro.

Poderíamos perguntar-nos pelos *membros* que integravam essa comunidade que espera o Espírito Santo. Na passagem, alguém é nomeado?

— Nomeiam-se os Onze, dando o nome de cada um.

— Nomeia-se o grupo das mulheres, e vem-nos à memória o nome daquelas que haviam seguido Jesus em seu ministério público (Lc 8,2-3; 23,55; 24,10). Colocá-las como uma parte da comunidade é algo próprio de Lucas, porém totalmente anormal na época, devido à marginalização a que estavam relegadas. Dentre elas, nos é dado um nome, "Maria, a mãe de Jesus".

— Nomeiam-se também os "irmãos" de Jesus, possivelmente refere-se a seus parentes próximos.

São-nos apontados apenas doze nomes: os Onze e Maria. Seriam as pessoas mais destacadas da comunidade. Acontece o mesmo hoje entre nós: não são citadas todas as pessoas que assistem a determinado ato, mas apenas as mais relevantes. Nesse caso, poderíamos deduzir que Maria ocupava, nessa comunidade, um lugar de destaque junto aos Onze.

Ela, que havia sido a principal testemunha nos primeiros anos da vida terrena de Jesus, que soube ir conservando e meditando em seu coração os acontecimentos da vida de seu Filho, é agora apresentada como parte importante de uma comunidade que é testemunha da Ressurreição e que espera, em unidade com os seguidores de Jesus e em clima de oração, a força e o impulso do Espírito Santo.

## PARA APROFUNDAR

### O processo de crença de Maria, caminho da Igreja

Ao longo de todas essas sessões, temos tido oportunidade de contemplar as cenas nas quais aparece Maria. Nós o fizemos fixando-nos naqueles textos, fundamentalmente de Lucas, nos quais o evangelista no-la apresenta. Desde o anúncio do anjo, de que ia ser a mãe do Filho de Deus, até sua presença junto à Igreja nascente antes de Pentecostes.

Paulo VI, em sua Exortação Apostólica "Marialis Cultus", reúne os momentos essenciais da vida e da experiência de crença de Maria em quatro traços que são especialmente iluminadores de sua vida. Esses traços são necessários para avaliar nossa devoção a Maria, inteirar-nos de seu papel como Mãe na ordem da graça, prestar-lhe o culto que ela realmente merece e evitar "fabricar" um culto mariano à nossa maneira.

*Maria ouvinte*

Nas primeiras sessões, conhecemos Maria como uma mulher que escuta a Palavra de Deus por meio do anjo Gabriel. Aparece, antes de tudo, como uma "ouvinte" que acolhe com fé a Palavra de Deus. Com dificuldades ("Como se fará isso?..."), com perturbação e medo ("Não temas, Maria"), consente em cumprir a vontade de Deus em um primeiro abandono de fé.

Maria ajuda-nos a descobrir nosso próprio processo crente, quando esse processo já houver sido iniciado. Maria já acreditava no Deus do Antigo Testamento. Por isso, é difícil crer quando não existe alguém que nos põe no caminho da fé. Porém, uma vez que empreendemos esse caminho, descobrimos, como Maria, que temos medo e turbação quando se trata de acolher a Palavra de Deus. É, porém, sua própria atitude que nos permite tomar conhecimento de que é o próprio Deus quem elimina nossos medos e turbações para crer: "não temas", "não temais". Se Maria, fiando-se nele, chegou a ser plenamente mulher, a Igreja atual, fiando-se na Palavra de Deus, poderá continuar gerando Jesus ressuscitado para o mundo presente.

*Maria orante*

No "Magnificat" e com os apóstolos, vimos Maria "orante", orando e louvando a Deus, perseverando na oração com a Igreja nascente. Maria medita em seu coração as realidades que não compreende em seu Filho, as progressivas manifestações do Pai que, para ela, são ainda mistério. Maria proclama a grandeza do Senhor e as intervenções salvíficas de Deus. Maria ora com perseverança, em união com os apóstolos, quando se torna difícil aceitar a ressurreição de seu Filho.

Com Maria, nós, que cremos, aprendemos a esperar. Porém, como diz Paulo VI, ela vive uma esperança ativa que a mantém colaborando com o Espírito no levar adiante seu plano de salvação sobre nós, pessoas humanas. Essa esperança ativa opõe-se à resignação, que atribui a Deus os bens e os males que nos acontecem e nos paralisam na hora de agir. A resignação impede a oração e a ação. E, o que é mais grave ainda, coloca-nos em mãos de quem quer manipular nossas consciências com base em que a situação de injustiça e pecado não mude. A Igreja é também "virgem orante" que a cada dia apresenta ao Pai as necessidades de seus filhos e louva incessantemente o Senhor e intercede pela salvação do mundo. E porque ora com perseverança, a Igreja não se resigna diante das situações de injustiça existentes no mundo, nem utiliza a resignação para tranqüilizar a consciência de seus membros, nem para deixar de lutar por tornar seus fiéis e todos os homens livres.

## *Maria Mãe*

Maria é também, assim o pudemos constatar, Mãe que gerou na terra o mesmo Filho do Pai por sua obediência de fé. Esse fato, reservado exclusivamente a Maria, é motivo de júbilo para os que crêem, e que compartilhamos com ela e pelo que nos unimos no louvor e na gratidão a Deus nosso Pai.

A virgem-Igreja converte-se em mãe porque, com a pregação da Palavra e com o Batismo, gera uma vida nova e imortal para os filhos concebidos por obra do Espírito Santo. Essa é a grande dádiva que agradecemos à Igreja, virgem mãe: o dom da fé e do Batismo. Seremos capazes, como filhos da Igreja, de pôr amor onde percebemos o egoísmo, liberdade onde vemos escravidão, até quando tomamos consciência de que esses pecados são cometidos na própria mãe-Igreja? Desafio de um amor adulto que vai integrando o pecado próprio e alheio no amor que Deus nos manifestou em Cristo.

## *Maria oferente*

Na passagem da apresentação de Jesus ao Templo, conhecemos "Maria oferente". Por um lado, ao apresentar o Salvador no Templo, manifesta a continuidade do plano de Deus desde o Antigo Testamento. E o apresenta, pela boca de Simeão, como salvador universal, e, portanto, a salvação é para todos os homens.

Por outro lado, ajuda-nos a orientar nosso olhar, que busca salvação, para a cruz de Jesus: "A ti mesma, uma espada te transpassará a alma".

Dessa condição oferente de Maria, a Igreja é também participante. À Igreja foi confiado por seu Filho o mistério da Eucaristia, oferenda singular do próprio Jesus Cristo, memorial de sua paixão, morte e ressurreição. A Igreja não só convoca seus filhos para essa celebração no domingo, mas ela própria procura oferecer-se a si mesma, como correspondência a quem se entregou por ela, para que chegue a todos esse dom precioso que é a Eucaristia. À imitação de Maria, como membros da Igreja, temos a urgência de entregar Cristo, que habita em nós, para que a oferta de salvação chegue a todos os homens e mulheres.

Maria é estímulo para fazer da própria vida uma oferenda a Deus. O "sim" de Maria é uma lição para todos os cristãos. Lição e exemplo para transformar a obediência à vontade do Pai em caminho e meio de santificação própria. Testemunho de que essa obediência é a única capaz de gerar Cristo hoje. A toda a Igreja e a cada um de seus membros compete buscar e cumprir a vontade de Deus para que Cristo seja gerado no mundo atual.

**NOTAS**

## NOTAS

*Edições Loyola*
Editoração, Impressão e Acabamento
Rua 1822, n. 347 • Ipiranga
04216-000 SÃO PAULO, SP
Tel.: (0**11) 6914-1922